간판 하나로
매상 쑥쑥 올리는
간판마케팅

간판 하나로
매상 쑥쑥 올리는
간판 마케팅

초판 1쇄 발행 | 2015년 03월 15일

지은이 | 김준영
펴낸이 | 김왕기
펴낸곳 | 푸른영토

주간 | 맹한승   편집부 | 원선화, 김한솔   마케팅 | 임성구

주소 | 경기도 고양시 일산동구 장항동 865 코오롱레이크폴리스1차 A동 908호
전화 | (대표)031-925-2327, 070-7477-0386~9·팩스 | 031-925-2328
등록번호 | 제2005-24호 등록년월일 | 2005. 4. 15

전자우편 | designkwk@me.com
ⓒ김준영, 2015

ISBN 978-89-97348-39-8   13590

* 잘못된 책은 바꾸어 드립니다.
* 값은 뒤표지에 있습니다.

간판 하나로 **매상 쑥쑥** 올리는 간판 마케팅

看板秘法

| 김준영 지음 |

푸른영토

지은이 김준영 [金畯永]

전북 부안에서 태어나 서울에 있는 유수한 옥외 광고회사와 대행사의 디자인실 실장으로 근무했다. 1991년 Tokyo University of Art & Design 수료 후 동경에 있는 디자인 회사 「IDD」에서 연수. 그러다가 영화 전체가 네온사인 불빛으로 가득한 프란시스 포드 코플라Francis Ford Coppola 감독의 「마음의 저편One From The Heart」(1982)을 보고 1994년 라스베이거스로 건너감. 이후 세계 여행을 하면서 Neon Sign City Las Vegas와 같은 사인토피아Signtopia를 꿈꾸고 있다.

현재는 광고 특히 간판에 관한 글을 신문과 월간지에 연재도 하면서 주말이면 급속하게 도시화되면서 사라져 가는 옛날 간판과 시각 이미지를 찾아다니고 있다. 그리고 옥외광고회사 「대자보大字報」를 운영하고 있다.

여는 글

간판은 고객을 맞아들이는 가게의 가장 중요한 '얼굴'입니다.
'잘 되는 가게의 간판은 뭔가 다르다!'
정말 그렇지 않습니까?
그런데 경영인 중에는 간판을 중요하게 여기는 사람이 많지 않습니다. 간판은 유효하게 잘만 활용하면 적어도 지금보다 2배 또는 3배 이상 매상을 올릴 수 있는 판촉 능력을 갖고 있습니다.
게다가 비용 부담은 단 한 번. 또 전단지처럼 배포하다가 중단한다고 효과가 원상태로 돌아가는 것도 아닙니다. 정말 너무나 안타깝습니다.
지금 이 책을 읽고 계신 여러분은 잘되는 가게들이 남모르게 실천하고 있는 간판 활용 방법을 아시게 될 것입니다. 참고로 그 활용 방법은 크게 두 가지로 분류됩니다.

하나는 '간판제작' 방법과 '설치' 방법입니다.

간판은 눈에 띄지 않는 존재인 것 같으나 다시 잘 보면 비즈니스에 상당한 역할을 공헌합니다. 그럼 잘되는 가게들은 과연 간판을 어떻게 만들어서 어떤 방법으로 설치할까요?

자세한 설명은 3장 이후에 하겠지만, '어디에 있는 누구에게 무엇을 전달할 것인지 그 메시지를 구체적인 형태로 표현하여, 더욱 많은 사람들 눈에 띄도록 방향과 위치를 고려해 간판을 설치합니다.' 어…? 당연한 거 아니냐고요? 그렇지요. 당연한 거지요.

그런데 많은 분들이 이런 사항들을 고려하지 않고 간판을 만들고 계십니다. 가게 오픈 준비로 정신없이 바빠서 아니면 가게 이미지가 더 중요하니까 미처 거기까지 신경 쓰지 못했다는 것 등이 그 이유입니다.

의외로 간판을 판촉 수단으로서 제대로 활용해 본 적이 없는 분들이 많으십니다.

여러분은 어떻습니까?

실행해 본 적이 없는 분이라면 이 책 내용을 여러분의 것으로 만들 정도로 잘 활용하시면 매상은 틀림없이 올라갑니다. 그리고 또 하나는 '간판이라는 수단'의 특징을 이용해 손님을 끄는 방법입니다. 즉 '고객 유치'입니다.

고객 유치에 대해 간단히 설명하면, '일정 지역 내에 있는 불특정 다수의 예상 고객을 가게로 유도하는 것, 사람들의 이동 방향을 의도적으로 바꾸는 방법'입니다.

사람들의 이동 방향을 의도적으로 만들 수 있는 건 다른 선전·판촉 방법으로는 불가능한 일입니다. 이것이 바로 간판의 진정한 능력입니다.

바꾸어 말하면, 간판은 공격적인 입지 마케팅이 가능하다는 거지요. 알고 계셨나요? 아니, 실은 여러분 모두가 본 적이 있을 겁니다.

왜 있잖습니까? 아파트 분양 광고를 할 때 모델하우스의 입간판. 본 적 있으시지요? 빌딩이나 빈터, 전봇대에 붙어 있는 〈화살표로 표시되어 있는 길 안내 간판〉.

친절하게 잘해 놓았죠. 이건 말이지요. 잘만 활용하면 꽤 의도적으로 사람들을 유도할 수 있습니다.

좀 더 잘 활용하자면 자신의 상권을 확대하고 강화할 수도 있습니다. 즉 이전보다 더 넓은 지역에서 손님을 많이 불러올 수 있다는 것이지요. 물론 화살표 방향만 표시한다고 해서 다 되는 것은 아니지만요.

이것이 바로 '고객 유치'입니다.

실은 간판 업계에서는 오랜 예전부터 잘 알려진 노하우입니다. 그런데 요 몇 십 년 간판이 제조업이라는 인식을 가지고 있는 간판 제작사들은 그저 묵묵히 만들기만 할 뿐 가르쳐주지 않습니다.

마케팅을 아는 소수의 간판 제작사에게 주문할 때나 살짝 알려주는 노하우이지만 그 몇 안 되는 간판 제작사를 찾기란 쉽기 않지요? 그래서 더 귀중한 노하우입니다. 포인트만 잘 잡으면 간단한 것이기는 하지만, 의외로 간판에 대한 제대로 된 지식이 필요합니다.

예를 들어, 앞에서도 간단하게 설명했듯이 전봇대에 붙어 있는 간판이나 현수막, 점포 앞에 내놓은 '에어 간판', 이건 엄밀히 말하면 위법입니다. 즉 단속대상입니다. 알고 계셨나요? 그리고 또 아무래도 '입지'의 개념을 전혀 모른다면 좀 문제이겠지요.

그래서 제2장에서는 '입지'의 상식에 대해 간단히 다루겠습니다.

간판 제작과 직접적인 관계는 없지만 알아두면 고객을 유치하는 데 상당히 도움이 되는 내용들이니 읽어보시기 바랍니다.

이와 같이 2장, 3장에서 기본 지식을 익히고, 제4장 '고객 유치 노하우'를 읽어 주시면 저 또한 기쁘겠습니다. 아! 그리고 서점에서 그냥 간단하게 훑어만 보시는 거라면 제 4장을 권해 드립니다.

제가 알고 있는 한, 지금까지 판촉에 관한 그 어떤 책에도 쓰여 있지 않은 판촉 노하우가 담겨 있으니까요.

전단지나 P·O·P 그리고 요즘에는 뉴스레터나 메일 매거진인가요? 그런 '아이디어는 좋아도 실행하려면 시간과 노력을 들여야 하는 판촉 책'은 주변에도 많이 있지만, 책 한 권 전체가 '실천하기 쉬운 간판 마케팅 책'으로 된 것은 없을 거라 봅니다.

2015년 3월

김준영 씀

CONTENTS

여는글 5

서론 13

PART 1 입지 조건이 안 좋을수록 간판은 매출을 향상시킨다

간판은 말없는 세일즈맨	23
비용 대 효과로 생각해 보는 간판의 영업 효과	28
간판 활용은 장사의 기본	33
간판의 종류와 활용법 그리고 효과	36
거리의 사람들을 불러 모으는 간판	58
비약적인 성과를 올린 고객 유치 간판	63

PART 2 현장의 입지를 파악한다

점포 입지 조건의 기본 원칙	69
경제 불황기에 성공하는 입지 법칙	73
조사의 정확성은 장사에 대한 집념과 비례한다	77
상품과 판매 방법에 따라 현장의 규모가 변화한다	80
거리의 동선을 살펴 내가 경쟁해야 할 상권을 조사한다	84
거리의 간판을 보고 우리 가게의 장점을 분석한다	87

PART 3 간판 디자인의 비법

간판 디자인의 기본은 점포 전략과 상품 전략을 한 눈에 표현하는 것	93
간판 디자인 속성 강좌 (1) 색	100
간판 디자인 속성 강좌 (2) 문자	108
간판 디자인 속성 강좌 (3) 디자인	118
최종 목적은 판촉 간판! 설비 간판은 불필요	120
간판을 타 미디어(Media)와 연동(連動)시키면 효과 2배	123
클릭&모르타르 실천 플랜	127
동업종 타 가게의 정보를 알려주는 전략	132
내가 원하는 손님이 방문하는 타 가게에 간판을 낸다	134

 PART 4 전쟁터에 간판을 걸어 고객 유치(誘客)한다

고객 유치(誘客)라고 하는 시점에서 분석하는 상권	139
고객을 유치(誘客) 하기 위해 필요한 3가지의 E	142
Emotional적인 만남의 연출	145
재미가 있는 연출이 중요	149
알고 싶은 정보는 모두 가르친다	152
간판을 설치하기 위한 교섭술	157

끝맺는 글   159

"좋은 간판은 자유의 여신상과 같다.
그것은 언제나 홀로 서 있지만 무언가 말하고 있다"

서론

매상 없던 가게가 간판 하나로 매상이 쑥쑥 오르다

요 근래의 일입니다. 한 고객께서 전화를 주셔서 상담을 하게 되었습니다.

10월 1일 평균 방문 고객 수 8명

11월 1일 평균 방문 고객 수 5명

12월 1일 평균 방문 고객 수 3명

5일 연속 매상 제로.

손님이 전혀 없는 날도 한 달에 5일 정도는 되고….

6월은 14일간 매상 제로.

여유 자금으로 준비했던 1400만 원도 이제 남은 건 250만 원 뿐. 매월 고정 지출이 65만 원 정도는 드니까. 이대로 가

다간 길어야 3개월 정도. 자기파산을 상상하거나 불길한 일들만 생각하게 되는 나날. 이런 급박한 상황에 처해 거래처의 소개를 받고 전화를 주셔서 간판에 대해 상담을 하게 되었습니다.

그 가게는 식당가를 중심으로 좌우로 뻗은 대로大路—식당가 이면 도로는 중심지대로 통하며 젊은이들과 개성 넘치는 가게들이 산재해 있고, 남쪽은 원룸 주택가 쪽으로 통하는 산책로로 되어 있다—에서 안쪽으로 들어가 있는 곳에 위치한 의류 Select Shop이었습니다. 2014년 3월에 오픈해서 영업을 시작한 가게입니다.

솔직히 말하면 처음에는 이 일을 맡고 싶지 않았습니다. 그도 그랬던 것이 주변 조건들이 상당히 좋지 않았으니까요. 만약 간판을 만든 후에도 별 효과가 없으면 어떻게 될까 하는 등등 여러 생각이 오갔습니다. 막중한 책임감을 느꼈습니다.

그런 데다 더 난감했던 사실은 가게 건물에 간판을 달면 안 된다는 제약이었습니다. 분명히 하자면 가게 벽에 돌출간판이나 파라펫Parapet,난간欄干 간판을 설치하지 못한다는 것은 치명적이라 할 수 있습니다. 그래서 처음에는 이 의뢰를 거절했습니다. 그래도 가게에는 가끔 놀러 가기도 했습니다. 제 취향의 옷이나 좋은 물건들이 있었거든요.

그런데 6월 초에 그 고객으로부터 전화가 걸려와 "갑상샘암으로 입원하게 되었습니다."라는 얘기를 들었을 때는 정말 기절초풍할 노릇이었습니다. 갑자기 암으로 입원이라니…. 이 소식을 들은 후에 망설이게 되었습니다.

세상에 전혀 예상치도 못했던 얘기를 갑작스레 들었으니 말이죠. 뭐라고 위로의 말을 해야 할지 몰라 멍하니 있을 뿐이었습니다. 그리고 겨우 전한 말이라고는 "다 잘 될 거예요."라는 변변한 위로도 못 되는 이 한마디가 전부였습니다.

전화를 끊고는 생각했습니다. '내가 해 줄 수 있는 일이 뭔가 없을까? 간판을 만드는 일, 그래 간판을 제작하는 일. 내가 할 수 있는 건 간판을 만들어서 기쁘게 해 주는 일. 그것밖에 없어.'

한 손에 지도를 들고 주변을 철저하게 조사!

그 때 문득 깨달았습니다. 이 일을 맡지 않으려고 했던 건 필요 이상으로 시간을 들여 고생하기 싫고, 무거운 책임을 떠맡기 싫으니까 거절했던 게 아닐까? 이래도 되는 걸까? 많은 생각을 했습니다.

그 결과 할 수 있는 일, 할 수 없는 일 여러 가지 있겠지만 의뢰받은 일은 가능한 책임지고 맡겠다는 결심을 다시 한 번 하게 되었습니다. 그리하여 간판을 제작하기로 했지만, 정작 큰일은 이제부터 시작이었습니다.

앞서도 설명했지만 건물에는 간판 부착 금지. 그리고 예산

부족. 지역 특성상 남다른 방법으로 관심을 끌려는 것도 힘들고 그러면 차별화를 두면 어떨까? 그러려고 해도 주변에는 모두 다 개성적인 상점뿐이었습니다.

우선 가게 주변을 걸어보았습니다. 한 손에 부동산에서 사용하는 지도를 들고 식당가에서 가게를 중심으로 해서 동서남북까지 그리고 반경 1Km 이내의 거리를 뒷골목까지 빠짐없이 걸어 보았습니다. 사람들의 이동 방향이 어디에서 어디로 이어지고 있는지….

그렇습니다. 상권을 분석하는 것입니다. 이 가게의 위치는 식당가에서 하나 안쪽으로 들어간 곳에 있는데, 실은 그 안쪽 골목으로 들어가는 길 자체가 눈에 띄지 않습니다. 그 가게로 연결되는 골목길 계단을 올라가려고 의식하며 주의해서 걸어도 놓치기 쉬운 장소에 있습니다.

그런 데다 그 골목길 계단 바로 앞에 있는 빌딩 벽에 "사유지이므로 관계자 이외는 들어갈 수 없습니다."라는 표지판이 붙어 있습니다.

상황이 이렇다 보니 식당가를 지나가는 사람이 골목길에 있는 계단을 올라가 가게까지 방문해 주기를 기대하는 건 어렵다고 봐야 합니다. 이런 상황에서는 가게로 연결되는 계단을 그냥 지나쳐버리기 쉽기 때문입니다.

골목길 계단을 올라가도록 유도하는 간판을 설치

자 그럼 이제 어떻게 할까요? 그렇습니다. 이제 고객 유도를 실천할 때입니다.

자세한 설명은 제4장을 읽으시면 이해하시겠지만, 한마디로 결론을 내리자면 식당가를 지나가는 사람들을 가게로 불러들이는 이동 경로를 만드는 것. 이 문제를 해결하면 되는 것입니다.

이제 여기서 간판 등장.

과연 어떤 간판일까요? 정답은 필요한 장소에 구체적인 메시지를 형태로 담아서 사람들 눈에 띄게 하는 간판이 있으면 됩니다.

그래서 식당가에서 골목길 계단으로 올라가도록 유도하는 간판과 계단을 올라가면 보이는 가게로 안내하는 유도 간판. 이렇게 두 개의 간판을 설치하기로 했습니다.

이쯤 해서 이 가게에 대해 설명해 드리지요.

가게 이름은 트레블러Traveler. 이 가게의 테마와 컨셉은 여행자를 뜻하는 트레블러가 국경과 시간을 초월한 가치와의 만남. 즉 유행만 추구하는 것이 아닌 오래도록 사랑받는 실용성 있는 옷을 미국을 중심으로 세계 각국에서 수입해 소개하는 것입니다. 또 성인도 즐길 수 있는 캐쥬얼 라이프 스타일을 창조하는 것입니다.

그리고 가게 내부는 분위기 있는 미국 동해안 연안 낸터킷 Nantucket의 별장식 작은 주택을 연상시킵니다.

그래서 어떤 간판을 놓았냐구요?

가게의 컨셉에 맞추어 나무를 이어붙인 간판을 만들어 그 위에 페인트로 글자를 써넣었습니다.

가게 정보를 간판에 집약해 넣어 그 골목길 위를 올라가 보고 싶게 만들고, 어떤 가게인지 조금은 궁금하게 만드는 멋진 간판을 놓았습니다. 보도步道에 A 프레임 간판일명 A형 간판을 설치하여 사람들의 이동 경로를 바꾸었습니다. 물론 계단을 올라가면 가게 앞에도 유능한 말 없는 세일즈맨이 설치되어 있습니다.

그 결과 이 가게는 어떻게 되었냐구요? 네. 현재는 하루에 10명 이상 방문. 하루 매상이 60만 원을 넘는 날도 종종 있습니다. 그리고 가게 사장님도 복귀하셔서 건강하게 일을 하고 계십니다. 이것이 바로 간판의 진정한 힘입니다.

기껏해야 간판, 그래도 간판, 간판 하나로 매상을 쑥쑥 올리는 일도 가능합니다.

이 책에는 간판 노하우가 가득 담겨있습니다.

자. 이제 바로 계산대로 향해서 이 책을 구입하시지요!

"출발하기 전에 어디로 가는지는 알아야 한다."

입지 조건이 안 좋을수록 간판은 매출을 향상시킨다

간판은
말없는
세일즈맨

간판은 단순한 설비가 아닌 중요한 판촉 수단

오랫동안 거래를 한 단골 고객께서 어떤 노트 한 권을 보여주신 것이 계기였습니다. 그 노트에는 1일 상점 방문 고객수의 2년분 자료가 빽빽이 기록되어 있었습니다.

7월 30일   200 (30)
7월 31일   271 (58)
7월 합계   7006 (1022)

"이 괄호 안에 있는 숫자는 뭔가요?"
그다지 궁금하지는 않았지만 슬쩍 물어봤습니다.

"아아, 그거 간판을 보고 찾아온 고객 숫자네."
"네? 그걸 어떻게 아나요?"
"그게 말이지, 잘 봐봐. 저 간판에 할인티켓이 꽂혀 있잖아. 저 티켓에는 간판에서 집어 왔다는 걸 알 수 있도록 식별번호가 적혀 있지. 왜 신문광고 같은 거에서 반응률을 조사하려고 쓰는 방법 있잖나. 그 방법을 똑같이 간판에 응용해 본 것뿐이야. 원래 간판이란 건 말이지. 가게 앞에 놓아두어서 하루에 고객을 몇 명 오게 하느냐에 따라 그 가치가 정해지는 거야. 그런데 효과도 측정하지 못한다면 소용없잖은가."
솔직히 말해 내가 간판사업을 시작한 이후 제일 크게 충격을 받은 말이었습니다.
'그래, 이 분은 간판을 판촉 수단으로 생각하고 계신 거야. 대부분의 사람들이—물론 간판 일을 하는 사람도—간판을 설비 수단으로 여기고 있는데….'
그때 저는 솔직하게 물어보기로 했습니다. 그 후로 제 사업에 변화가 생겼습니다. 터놓고 말해 돈을 벌기 시작한 것입니다. 물론 저도 돈을 벌었고, 저에게 간판 의뢰를 하는 고객들까지도 말이지요. 생각지도 못한 일이었습니다. 이제 그 노하우를 공개합니다. 사실 이 모든 것은 앞서 말 한 제 고객의 이야기를 저 자신 그리고 제 고객들에게 실천한 것뿐이었습니다.

우수 영업 사원 한 명을 3개월 동안 고용한다는 생각으로 간판을 만든다.

그분이 하신 말씀은 이렇습니다.

"간판은 말이지, 예를 들면 영업사원이라 할 수 있어. 게다가 묵묵히 가게 앞이나 거리에 서서 가게 물건을 사 줄 것 같은 고객을 순간적으로 판단해서 가게로 불러오지. 그런데다 말솜씨도 뛰어나서 그 고객의 마음을 한순간에 파악한단 말이야."

"그런 사원이 있었으면 좋겠지? 그럼 다음은 그럼 얼마에 가능한지 하는 얘기가 나오겠지. 예산은 말이야. 만약 본인 가게에서 유능한 영업 사원을 한 명 고용하는데 3개월분 월급이면 어느 정도일까를 생각해서, 우선 처음에는 그 범위 내에서 시작하는 게 좋아. 나중에 다시 설명하겠지만 이 3개월분이라는 것도 중요한 포인트야. 이게 기본 조건이네."

'의식이 바뀌면 시점도 변한다.'라는 말이 있습니다. 누구나 알고 있는 사실이지만 이 말은 상당히 중요합니다.

간판은 말 없는 영업사원

연상력이 있다면 이 한 마디만으로 이 책의 요점을 모두 다 알 수 있을 겁니다. 그러고 보니 후에 그분의 말씀을 되새겨 보면 상당히 납득 가는 점이 있으며, 간판업계가 오랜 세월 동안 쌓아온 지혜와 기술의 응용이라는 것을 알 수 있습니다. 그런데 가게 경영자들은 이런 얘기를 조금 듣고 나서는 '그런 말도 안 되는 얘기'를 한다고 여길지도 모르겠습니다.

간판업계는 지금도 여전히 장인 기질의 세계라 말로 표현하지 않습니다. 일자상전[1]은 아니지만 지혜와 기술이 완전히 체계화되어있지 않습니다.

간판은
약간은 비상식적인 판촉 수단. 하지만 잘 나가는 간판 가게에서는 상식으로 통하는 수단.
좋은 점은 전단지[2]를 계속 돌리는 것보다도 비용이 들지 않는다는 것.
요 몇 년 사이 유행하고 있는 소책자를 만들어 청구하는 방법보다도 시간과 고생이 절약된다는 점.

---

1) 一子相傳:학문이나 기예 따위의 깊은 뜻을 자기의 자녀 중한 자식에게만 전하고, 다른 자식에게는 비밀로 함)
2) 전단지(傳單紙): 홍보를 목적으로 만든 낱장의 종이 인쇄물을 가리킨다. 광고지(廣告紙) 혹은 리플릿(leaflet)이라고도 불린다. 일본어 지라시(散らす,뿌리다)라는 뜻에서 유래한 찌라시는 전단, 광고용 포스터라는 뜻의 영어 표현 빌(bill)이 일본어에서 변형된 삐라라는 말로 통용된다. 전단지를 이용한 마케팅은 비용이 적게 들기 때문에 영세업체에서 많이 이용하는 방식이기도 하다.
일반적으로 전단지라 하면 홍보를 목적으로 만든 낯 장의 종이를 가리키지만 여러 가지 변형된 모습의 전단지가 있는데 낱장의 종이만 배포할 경우 받는 사람들이 전단지를 읽어 보지조차 않고 그냥 쓰레기통에 버리는 경우가 비일비재하다는 점 때문에 전단지를 쿠폰화 시키거나 전단지에 소액의 현금 또는 물건을 동봉해서 배포하기도 한다.

해야 할 일이라고는 매일 아침저녁으로 간판을 내놓고 들여놓는 것이 전부.

조금 아쉬운 점이라면 하루 간판을 내놓았다고 방문 고객 수가 몇 십 배로 오르는 효과는 없다는 것.

홈페이지 검색 순위를 상위권에 들게 해서 고객 방문을 늘리려는 것과 같이 착실하게 노력하는 방법. 다만 인터넷 세상이 아닌 가게 상권 내에서 시행착오를 한다는 차이뿐.

어떻습니까? 믿고 안 믿고는 여러분 자유이며 실천하고 안 하고도 여러분 마음입니다.

**비용 대 효과로
생각해 보는 간판의
영업 효과**

간판을 판촉활용으로 보는 발상이 중요하다는 것을 이해하셨습니까?
참고로 이 세상 모든 간판은
〈판촉 간판〉…판촉 수단
〈설비 간판〉…상점의 비품
으로 나누어 생각할 수 있습니다.
이해하기 쉽도록 〈판촉 간판〉의 실례를 하나 소개하지요.

설렁탕 가게에서 성공한 판촉 간판의 예
수년 전의 얘기로 거슬러 올라가는데, 제 고객 중에 서울 양천구 신월동에서 설렁탕 가게를 운영하는 분이 있었습니다.

지금은 거리 어디를 보나 개성 있는 설렁탕 가게가 넘치도록 많습니다. 따라서 이제는 고객 수를 늘리기 위해서 다른 가게와는 어떻게 차별화를 두어야 하는지가 관건입니다.

이 가게의 주력 상품은 진한 맛 육수를 자랑하는 설렁탕으로 맛 하나만큼은 자신 있었습니다. 가게를 처음 방문하는 손님들의 평판도 상당히 좋아 고객들의 발길이 점점 늘고 있기는 했지만, 활기 넘치던 오픈 당시의 분위기와 비교하면 날이 갈수록 활기를 잃고 고객 수도 줄었습니다. 진한 맛 육수는 쉽게 질리는 음식인지도 모르겠습니다.

자 이제 제가 나설 차례입니다. 실은 이 가게 주력 상품이 '진한 맛 설렁탕'만 있는 것은 아닙니다. 진한 맛을 기본으로 하고 인삼을 넣은 '건강 설렁탕'도 추천 메뉴였습니다. 가게에 들어가 보면 누구나 다 알 수 있는 사실로, 메뉴에도 분명히 '건강 설렁탕'이라고 적혀 있습니다.

가게 사장님과 상의한 후에 가게 앞에 '건강 설렁탕'이라고 쓴 간판을 놓기로 했습니다. 그랬더니 손님 수도 다시 차츰 늘기 시작했습니다.

'건강'을 키워드로 한 간판

이 간판을 만들게 된 배경에는 '진한 맛이 가지고 있는 일반적인 이미지와 안 좋은 인상은 무엇일까?' 그리고 '그 이미지를 뒤바꿀 수 있는 한 단어가 없을까?' '요즘 세상이 지향

하는 것과 경향에 일치시킬 수는 없을까?'라는 의문의 답을 찾는 시행착오 끝에

건강지향 = '인삼'

본격화 지향 ='육수'

라는 키워드를 사용하기로 했습니다. 이렇게 이 단어를 책에 인쇄된 글자로 읽으면 어딘가 억지스럽게 맞춘 듯한 느낌도 들고 또 "정말 건강식이긴 한 거야?" 하고 말 자체가 모순되게 들리는 경향도 있지만, 이 말을 간판으로 볼 때는 전혀 위화감이 들지 않습니다.

간판의 마법이지요. 그리고 이 생각이 적중했습니다.

적절한 시기에 간판을 새롭게! 적극적인 가게 이미지 연출 효과

그로부터 1년쯤 흐른 후에 가게 사장님이 다시 전화를 주셨습니다.

가게 사장님은 "뭐 나쁜 건 아니지만 요새 들어 아무래도 좀 식상한 이미지가 들어서 활기가 없어. 손님 수도 요 몇 개월 사이 계속 평균 유지하는 정도이고." 라는 얘기를 하셨습니다.

그리고는 계속해서 "수제 고기만두를 시작해볼까 하는데, 이번에는 간판을 어떻게 만드는 게 좋을까? 다시 전처럼 손님을 끌 수 있는 간판이면 좋겠는데." 라는 얘기를 하며 조언을 청했습니다.

저는 간판에 가게 이름을 넣지 말고 '수제 고기만두'라는 글자만 쓸 것, 그리고 전통적이며 토속적인 간판 배경에 주황색과 노란색 그라데이션Gradation을 잘 활용해 대담하게 보이는 글자로 '수제 고기만두'라고 쓸 것을 제안해 상의하고 이대로 제작하기로 했습니다.

완성된 간판은 임팩트가 강렬해서 결과는 대성공이었습니다. 가게, 장소 어느 것 하나 바뀌지 않았지만 〈건강 인삼 설렁탕 = 새로운 것에 도전하는 설렁탕 가게〉에서 〈수제 고기만두 = 재료와 조리법에 독창성을 가진 설렁탕 가게〉로 호소력 있는 키워드를 의도적으로 구분해 사용한 것입니다. 그렇다고는 해도 기본적으로 이 가게는 설렁탕 가게입니다.

새 메뉴가 추가될 때마다 간판을 바꾸는 것뿐이지만 소비자의 심리는 다릅니다. 또 타이밍 좋게 간판을 바꾸면 맛있는 좋은 요리를 만들기 위해 항상 시도하는 가게라는 활동적인 이미지를 고객에게 심어줄 수 있습니다.

간판은 가게 전체의 이미지를 바꾸게 하는 효과가 있다

이렇게 의도적으로 고객을 불러들이기 위해 간판의 활용을 생각해 볼 수 있습니다. 이것이 바로 판촉간판입니다. 그런데 의외로 많은 분들이 실천하고 있지 않은 부분이지요. 그러니까 먼저 해 보는 사람이 이기는 겁니다.

여러분 중에는 "그거, 전단지하고 똑같은 거 아닌가요?" 하는 의문이 드는 분도 계시겠지만, 간판과 전단지는 크게 다른 점이 있습니다.

- 전단지는 상품의 PR 효과
- 간판은 가게 전체의 이미지를 바꾸는 효과

참고로 전단지와 간판 하나에 드는 판촉비용에는 차이가 별로 없습니다. 전단지 배포까지 생각한다면 오히려 간판이 더 싸고 확실한 효과를 얻을 수 있습니다. 전단지를 자주 배포하고 계신다면 꼭 한 번 간판 리뉴얼Renewal[3]도 생각해 보시기 바랍니다.

---

[3] 리뉴얼(Renewal): 손님의 요청 변화에 맞춰 매장이나 간판과 외관을 새롭게 재구성하고 새로운 출발을 하려는 업계 용어이다. 리프레쉬(refresh)라고도 하고, 최근에는 백화점을 위시하여 많은 전문점의 리뉴얼이 활성화되고 있다.

간판 활용은 장사의 기본

간판의 역할은 예상 고객을 불러 모으는 것

간판의 역할은 예상 고객을 불러 모으는 것

여러분도 잘 알고 계시겠지만 다시 한 번 장사의 기본에 대한 복습을 하겠습니다.

장사의 기본이란 아주 간단하게 생각하면 다음 3가지 과정의 반복입니다.

1. 예상 고객 모으기 (가게 안으로 입점하게 한다)
2. 첫 거래 (상품이나 서비스를 구입하게 한다)
3. 계속적인 거래 (재방문하는 고객으로 만든다)

이 과정이 얼마만큼 효율적으로 이루어지는지가 장사가 번창하는 길과 연관됩니다. 그럼 이 과정을 효율성 있게 효과적으로 하려면 어떻게 해야 좋을까요?

장사를 잘한다는 것은 돈과 수고를 얼마만큼 덜 들이면서 이 과정을 반복시키고 있는지를 말합니다. 따라서 간판을 적극적으로 활용하는 것입니다.

아무튼 들이지 않아도 될 비용이라면 될 수 있는 한 쓰지 않는 게 좋습니다. 예상 고객을 불러들이려고 일일이 인건비가 드는 일을 하는 건 잘못된 방법입니다.

예상 고객이란 반드시 돈을 지불하는 고객을 말하는 것이 아니라 어디까지나 '예상'을 의미합니다.

예상되는 매상을 위해 경비를 들이는 것은 손해일까요? 이득일까요?

포인트는 바로 예상 고객 불러들이기 역할은 '간판이 하면 된다'는 것입니다. 그런데 구인 잡지 광고를 보면 '영업사원 모집'이 있는데 잘 나가는 회사일수록 영업사원을 모집하지 않습니다. 고객이 있으니 '영업사원은 이제 필요 없다'는 이유에서가 아니라 쓸데없이 드는 비용에는 투자를 하지 않겠다는 것입니다. 항상 '영업사원 모집'을 하고 있는 회사라면 인해작전이 필요한 업종이던가, 영업사원이 없으면 영업을 못 한다는 사고방식의 경영 센스를 가진 회사, 둘 중 하나 아닐까요?

예를 들면 '전단지 배포작전'. 가장 일반적인 선전·판촉방법이긴 하지만, 전단지를 제작해서 DM[4]으로 배포하거나 길거리에서 나누어 주려면 제작비에 인건비까지 듭니다. 게다가 전단지는 배포하는 데에 의미가 있습니다. 배포를 중단하면 아시다시피 그냥 그걸로 끝입니다. 그래서 간판이 좋은 거지요.

---

4) DM(direct marketing): 직접 마케팅. 소비자 개개인에 대한 정보를 바탕으로 소비자와 직접 교류하며 벌이는 판촉활동을 말한다.

간판의 종류와
활용법
그리고 효과

판촉간판에 대한 얘기는 이 정도로 끝내기로 하고 이번에는 거리에서 볼 수 있는 간판의 종류에 대해 설명하겠습니다. 실은 각기 그 사용방법이 있습니다.

하나씩 자세한 설명에 들어가기 전에 먼저 간판의 성격을 대략 파악해 볼까요?

- 표시의 성격
- 좋은 이미지 연출의 성격
- 활기 연출의 성격
- 정보 전달의 성격

간판은 보통 이 4가지 패턴의 성격을 모두 띠고 있는데, 간판의 종류에 따라 그중 어떤 성격이 가장 두드러지게 나타나고 어떤 성격이 잘 드러나지 않는가 종류의 차이가 있습니다. 활용 방법은 그 성격을 어떻게 이끌어내는지에 따라 바뀝니다.

옥상 간판

거리에서 많이 볼 수 있는 큰 간판으로 빌보드Billboard 또는 스펙타큘러 Spectacular라고도 합니다. 옥상 간판의 활용 방법은 크게 두 가지로, 자신의 오피스나 점포 옥상에 설치하는 경우와 다른 건물을 빌려 설치하는 경우가 있습니다. 본인 가게 위에 설치하는 경우는 표시의 의미로, 다른 건물을 빌려 설치하는 경우는 '인지'를 목적으로 사용하는 경우가 많습니다.

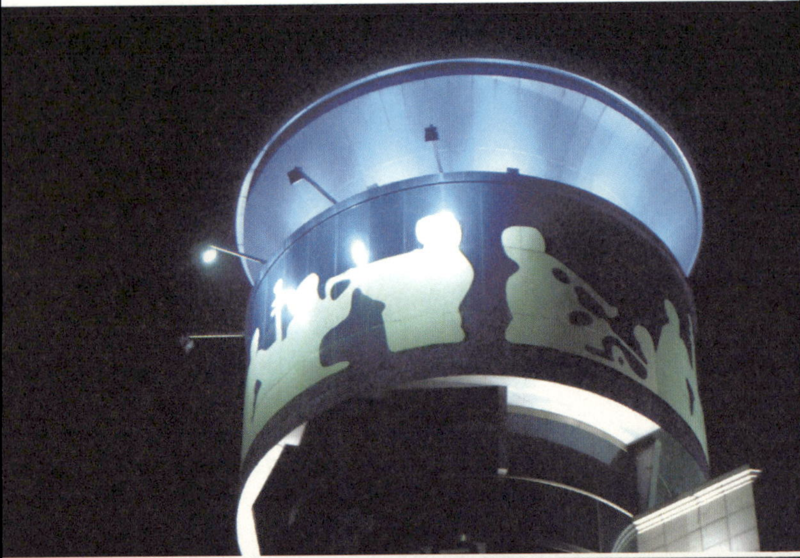

패러펫 간판

일명 난간(欄干) 간판 Parpet Sign이라고도 부릅니다. 그리고 다른 표현으로는 스토어 프론트 Storefront 사인이나 파사드 Facade 사인이라고도 합니다. 이름 그대로 가게 입구 위에 있는 간판입니다. 가게의 얼굴이라 할 수 있습니다. 전등 장식을 하면 밤에 가게를 밝게 연출할 수 있습니다.

돌출 간판Projecting Sign도 자주 보는 간판 중의 하나입니다. 가게 앞을 지나갈 때 시인성이 높은 것이 포인트입니다. 그냥 무심코 지나치지 않도록 디자인을 해야 할 필요가 있습니다.

돌출 간판

채널 문자

채널Channel, 홈이 파인 문자를 이용한 간판도 자주 볼 수 있는 간판입니다. 단순히 가게 이름만 강조해 놓은 간판이 많은데, 가게 얼굴의 역할이기도 하므로 제대로 잘 만들어야 합니다. 시인성(視認性)을 고려해 가능한 심플하게 디자인하여 고급성과 신뢰성을 높이는 연출이 가능합니다.

어닝Awning 간판은 비 막이를 그대로 간판으로 이용하는 것이 어닝 간판입니다. '괜찮을 것 같은 가게'를 연출하는 데 가장 좋은 방법입니다. 아이디어에 따라서는 아주 세련된 가게로 보이게 할 수도 있습니다.

어닝 간판

윈도우 칼라시트

접착제 칼라 시트Color Sheet를 문자나 도형으로 커팅해서 창문에 붙여 사용하는 아주 간편한 표현 방식입니다. 밖에서 가게 내부가 보이지 않도록 할 수 있으며 또한 매직미러처럼 안에서는 밖이 보이게 할 수 있으며 밝은 분위기 연출도 가능합니다.

가장 손쉽게 이용할 수 있는 선전방법입니다. 가장 원시적인 광고 매체이지만 활기와 즐거움을 연출할 목적으로 사용하면 아주 효과적입니다. 가게의 메인 간판과 병행하여 세련된 분위기를 연출할 수도 있습니다.

깃발

A 프레임 스탠드

어찌 보면 우리 주변에서 가장 친근감 있게 느껴지는 간판으로 메뉴 등을 표시하는데 가장 적합합니다. 망설이는 손님이 가게에 들어가려고 마음먹는 마지막 결정은 이 간판을 어떻게 사용하는가에 따라 크게 영향을 미칩니다. 다양한 소재를 이용해 만들 수 있으며 가게 앞을 멋지게 연출하는 소도구로 가장 적합합니다.

전식電飾 스탠드는 음식점 등에서 많이 볼 수 있는 간판입니다. 특히 밤에도 영업하는 가게에는 필수품입니다. 가게 앞에 설치하는 간판으로 손님이 가게로 들어가도록 영향을 미치는 간판입니다.

전식 스탠드

버티칼 배너

세로로 설치하는 것이 버티칼 배너Vertical Banner 즉 현수막이고, 가로로 설치하는 것이 횡단막입니다. 건물 옥상에서부터 또는 가게 입구에 거는 경우도 있어 크기는 다양합니다. 버티칼 배너를 연속적으로 사용한다면 활기찬 이미지를 연출하는데 효과적인 방법입니다.

가장 일반적인 선전 방법입니다. 가격도 저렴하고 넓은 범위에 응용할 수 있는 것이 특징입니다. 가장 효과적인 사용 방법은 여러 개를 연속적으로 설치해 활기를 주는 것입니다. 상품을 옥외에 진열할 수 있는 경우는 상당히 효과가 크지만, 병원 같은 곳에는 사용하기 어렵다는 단점도 있습니다.

물통
현수막

벽면 사인

옥상 간판과 마찬가지로 자사와 가게의 표시 목적으로 사용하는 일이 많습니다. 특히 벽화나 슈퍼그래픽Super Graphic을 이용해서 가게에 맞는 이미지를 선택한다면 일반 간판보다 눈에 띄는 일이 많으므로 효과적입니다.

팝사인P·o·p Sign은 귀엽고 즐거운 이미지를 전달하며 눈에 띄는 간판입니다. 오락시설 등에 많이 사용되는데 장난감 가게 앞에 세워 비일상적인 느낌을 연출하는 것도 효과적입니다. 상점가 입구에 설치해 상점가 전체를 테마파크 느낌으로 만드는 것도 가능합니다.

오리지널 팝사인

게시판 광고

게시판Bulletin 광고는 선전내용을 바꿀 수 있는 간판입니다. 다른 간판들에 비해 정돈된 인상을 주므로 병원 영업 안내나 책, 잡지 등의 선전에 가장 적합합니다. 대체로 가게 앞에 설치하는 경우가 많은데, 공공적인 인상이 드는 간판이므로 가게에서 떨어진 곳이나 아파트 게시판에 설치하여 활용해도 좋습니다.

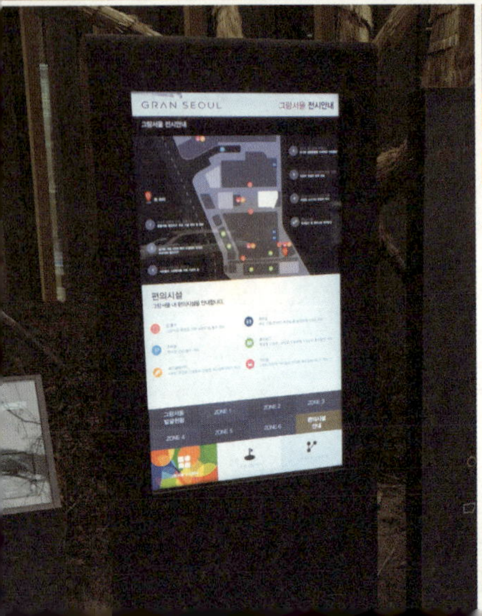

L·E·D 간판은 첨단제품을 취급하는 핸드폰 가게나 유행을 선도하는 헤어 숍 등에서 많이 볼 수 있습니다. 내용을 영상으로 전달할 수 있고, 휘양찬란한 빛의 연출로 아이 캐치Eye catch 효과가 뛰어납니다. 단 지나친 사용은 오히려 이미지가 다운될 수 있으므로 주의가 필요합니다.

L·E·D 간판

대형 지주 간판

대형 지주 간판 Freestanding은 가게에서 떨어진 장소에 세우는 간판입니다. 주로 표시 목적이나 길 안내에 사용합니다. 아직 사용방법이 개선 가능한 간판으로, 이 책에서 알려드리는 고객 유치를 위한 감정에 호소하는 간판으로 사용되는 경우가 많습니다.

계단 광고Stair Advertising는 가게가 1층이 아닌 곳에 있다면 적극적으로 활용해 보실 것을 권해드립니다. 들어가 볼까 말까 망설이는 사람은 계단을 올려다보며 생각하는 사람이 많습니다. 이때 가게에 들어가도록 마지막 결정적인 역할을 하는 것이 계단 광고입니다. 왠지 어두 칙칙한 분위기였던 건물도 계단 광고 하나로 밝고 화사한 분위기로 바꿀 수 있습니다.

계단
광고

네온사인

유흥업소에 필수적인 간판입니다. 획기적인 조명 기술의 발전으로 형광의 자리를 L·E·D에 내주었지만 여전히 네온사인은 옥외광고의 총아(寵兒)입니다. 네온사인을 어떻게 사용하느냐에 따라 실내·외 분위기가 극적으로 반전된다는 사실입니다.

간판의 종류

- 폴 사인(pole sign)
- 윈도우 시트(window sheet)
- 깃발(flag)
- 게이트 사인(gate sign)
- 펜스 보드 사인(fence board sign)
- 현수막(placard)
- 옥상간판(billboard)
- 채널간판(channel sign)
- 애드벌룬(ad-balloon)
- 네온사인(neon sign)
- 벽면사인(wall sign)
- 배너(banner)
- 돌출간판(projecting sign)
- 물통현수막
- A 프레임 스탠드(A frame stand)간판
- 스탠드 이젤 간판
- 전식(電飾) 스탠드 간판
- 플로어 그래픽(floor graphic)

거리의 사람들을
불러 모으는
간판

비주얼 아이덴티티Visual Identity가 있는 간판이란?

저는 거리를 걷다 보면 직업상 '이 간판은 사람을 끌어들이는 힘이 있는데'하고 감탄을 하게 되는 간판이 있습니다. 이런 간판은 어느 사이엔가 시야에 들어와 자연스럽게 내용이 연상되고, 애착이 생겨 '어디 한 번 들어가 볼까?' 하는 생각이 들게 합니다. 그건 돈을 많이 들인 간판이기 때문이 아닙니다. 또한 가게의 크기와도 관계없습니다. 그러면 대체 어떤 간판일까요?

그 대부분이 '비주얼 아이덴티티를 완성시킨 간판'입니다. 흔히 'V.I'라고 하는데 이는 상당한 고도의 어필 전략입니다. 조금 자세히 설명하자면, 시각적인 요소를 잘 활용해서 기업이나 상품을 어필하는 이미지 전략입니다. 마케팅에 대해 조금 알고 계신 분이라면 '어! V.I는 대기업이 하는 거잖아'라는 생각을 하실 수도 있지만, 실은 이 'V.I' 전략은 간단히 간판을 사용해 실시할 수 있습니다. 그리고 간판에 'V.I'를 적극적으로 도입하여 활용하면 더 큰 효과를 기대할 수 있습니다.

왜냐하면 인간이 외부에서 받는 영향 중에 80% 이상이 시각에 의한 것이기 때문입니다. 시각적인 요소는 이미지와 쉽게 연결되며 잠재의식 속에 그 이미지가 형성됩니다. 그러니 이 방법을 사용하지 않을 수 없겠지요. 그러면 어떻게 이용할까요?

효과 만점인 캐릭터 사용 간판

가장 효과적이고 누구나 사용할 수 있는 응용방법 중에 캐릭터를 만드는 방법이 있습니다. 동물도 괜찮습니다. 그리고 조금 부끄러울 수도 있겠지만 가게 주인을 닮은 그림을 그려서―거부감이 없으면 그 닮은 그림을 조금 변형시켜 캐릭터화시키면 더욱 좋음―그 캐릭터를 통해 '어떤 손님이 오길 바라는지', '어떤 상품과 서비스를 제공하려는지'를 표현합니다.

지금 이 책을 덮으려던 분, 잠깐 멈춰보세요. 저도 여기서 그만둘 순 없습니다. 정말 효과가 있다니까요. 이 캐릭터 활용이 말입니다.

이 캐릭터 활용이야말로 중소기업이나 가게의 'V.I' 전략이며 생존할 수 있는 방법입니다. 캐릭터는 생각 이상으로 선전·판촉 분야에서 만능이며, 이 캐릭터를 통해 고객에게 상품의 특징과 개성, 가게의 신조나 다른 곳과 차별을 둘 수 있는 점을 한순간에 상대의 마음에 좋은 이미지로 전하는 —그렇게 여기게 하는— 것이 가능합니다.

이것이 가능한 이유는 사람은 시각적으로 강하게 끌린다는 점과 '유쾌함'에도 반하기 때문입니다. 그건 바로 '호감을 가진다'는 의미이지요.

안심감과 만족감이 느껴지는 가게, 거기에 손님의 마음을 끌 수 있는 간판까지 있다면 '유쾌함'은 항상 사람 마음속에 생기기 마련이므로 가능한 것입니다.

인간은 이성보다는 감정에 호소 될 때 소비 행동으로 이어지기 쉬우니까요.

'고객과 감정을 공유하는' 간판을 생각한다

'고객과 어느 정도 감정을 공유할 수 있을까?' 이것이 바로 'V.I'의 테마이며, 중소기업의 궁극적인 마케팅 전략이라고 생각됩니다.

궁극적이란 즉, 장사에서 손님과 감정을 공유한다는 것은 곧 고객을 창출한다는 것을 의미합니다. 그렇다는 것은 고객을 다른 가게에서 불러온다는 차원보다 한 단계 높은 비즈니스 세계가 보이게 됩니다. 간판은 이런 점까지 다 계산하고 고려해 활용해야 하는 것입니다. 대단하다고 생각하지 않으세요? 그런데 실은 놀랄 만큼 그 방법은 의외로 간단합니다.

그 방법을 미리 알고 보면 효과를 별로 못 느끼지만, 거리에서 이런 간판을 갑자기 만나게 되었을 때는 잊혀지지 않을 만큼 강렬한 인상이 남습니다.

한 예를 소개하지요.

제가 동네 치과로부터 컨설팅 의뢰를 받은 적이 있었습니다. 제가 어렸을 때 경험했던 일이 떠올라 치과에 대해 좋은 기억이 없는 탓도 있겠지만, 왠지 '치과'라는 글자만 봐도 이빨 안쪽이 울리는 느낌이 듭니다. 이런 이미지를 갖는 치과 간판이 어떻게 'V.I'를 도입한 '판촉간판'으로 바뀌었는지 살펴볼까요?

그런데 이 치과의 간판, 제작 전에는 아주 일반적이고 평범한 치과의원의 설비 간판이었습니다. 병원이름이 써 있고, 주소와 연락처가 적혀 있습니다. 그러면 이제 제작 후를 보겠습니다. 새로 제작한 간판에는 다람쥐 일러스트를 넣었습니다. 대체 어디가 달라졌을까요?

바로 이 점이 가장 큰 포인트라 할 수 있는데, 이 치과의 경우 '일러스트와 간판을 결부시킴'으로써 보는 사람으로 하여금 '유쾌함'을 느끼게 합니다. 캐릭터 사용은 병원의 이미지와 결부되어 공감을 형성하고 또 안심감을 느끼게 합니다. 더 친근감을 느끼게 하는 것, 안심감을 줄 수 있는 요소를 만들어 조금이나마 고객의 심리적인 벽을 허무는 것이 전략이었습니다.

이 'V.I' 얘기를 하면 흔히, 솔직히 느낌이 잘 안 온다는 분도 계시지만 간판 제작비용은 일러스트 디자인 비용을 추가하는 정도입니다. 그런 정도라면 한 번 도입해 보는 것이 이득일 듯싶어 소개해 드려 보았습니다.

비약적인 성과를 올린
고객 유치
간판

간판으로 사람들의 이동 경로를 바꾼다!

간판의 판촉활용 결정판! 이게 바로 제가 제창하는 고객 유치 마케팅, 즉 '고객 유치 간판'입니다.

고객 유치란 무엇인가?

책 첫머리의 〈머리말〉에서도 말씀드렸지만, '일정 지역 내에 있는 불특정 다수의 예상 고객을 가게로 불러들이기 위해 사람들의 이동 경로를 만드는 방법'입니다.

조금 더 자세히 설명하면, 거리에는 사람들의 이동 경로 즉 '동선'이라는 것이 있는데 그 경로가 항상 운 좋게 여러분 가게 앞을 지나는 것은 아닙니다. 이때 간판을 이용해서 동선의 경로를 여러분 가게 앞으로 지나가도록 바꾸는 기술입니다. 물론 완전히 100% 바꾸는 것은 불가능합니다. 하지만 약간은 그 일정 된 흐름을 바꿀 수 있습니다. 이것이 바로 '고객 유치'입니다.

고객 유치 간판의 좋은 예 〈아파트 분양 간판〉

입지가 좋지 않았던 가게가 고객 유치를 통해 입지 1위가 되는 일조차 가능합니다. 대단한 기술이지요. 그런데 실은 이 노하우, 옛날부터 존재해 왔던 기술입니다.

고사마 마사아키 쓴 「치과의원,《간판》의 성공법칙」이란 책에 의하면, 간판의 화살표 하나로 유도확률을 비약적으로 높인 사례를 소개하겠습니다.

<도표1> 간판의 유도 효과

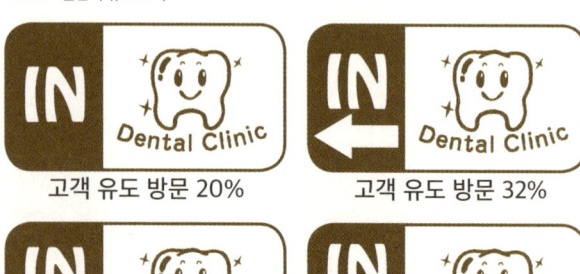

고객 유도 방문 20%   고객 유도 방문 32%

고객 유도 방문 36%   고객 유도 방문 38%

그리고 의식하고 있지 않아서 그냥 지나쳐 넘길 뿐이지, 여러분 모두 한 번쯤은 반드시 '고객 유치 간판'을 본 적이 있을 겁니다. 바로 분양 아파트 광고나, 주택 간판입니다. 듣고 보니 그런 것 같으시지요?

의도적으로 불특정 다수의 사람들을 불러들이려는 경우는 별로 없지만, 이 아파트 분양 관계 간판의 발상도 원점은 같습니다.

그래도 고객을 유도하기 위해 역 앞 상점가 등을 기준으로 건물이 위치한 곳까지 길을 따라 간판을 설치해 둔 점은 참 요령이 좋다고 할 수 있습니다. 그다지 신경을 쓰지 않고 역에서 건물까지 적당히 되는대로 설치하는 경우도 있지만. 이렇게 예전부터 있던 발상이므로 간단히 말하면 '그 동네의 소비자를 불러들이는 설계도를 만드는 노하우가 이미 존재하고 있었다'는 것입니다.

간판은 특별히 아트를 추구할 필요는 없습니다. 간판은 소재·종류·형태·게재할 정보에 전략을 세워 고객 유치로 연결시키는 것입니다.

이 고객 유치의 구체적인 방법에 대해서는 4장에서 좀 더 자세하게 설명하도록 하겠습니다.

"간판은 (연극과 달리) 많은 갈채를 받고서도
매표소가 텅텅 빌 수 있다.
비평가들의 헛소리는 의미가 없다.
매상의 파도만이 의미가 있다."

PART 2

현장의 입지를 파악한다

**점포
입지 조건의
기본 원칙**

우선 제일 먼저 가게의 지리적 상황을 파악하라

고객 유치를 잘 활용하기 위해서는 우선 무엇보다 가게의 지리적 상황을 파악해야 합니다. 파악하지 못한 상황에서는 전략도 세울 수 없겠지요.

입지란 여러분이 승부를 낼 장소가 되는 현장을 의미합니다. 가게를 내서 사업을 시작하는 경우, 이 입지를 정확히 파악하는 일, 즉 〈입지 조사〉의 중요성을 확실히 이해하시기 바랍니다.

"이미 가게를 내서 장사를 하고 있는데 이제 와서 입지 조사를 할 필요가 있나요?"와 같은 말은 하지 마시기 바랍니다. 그래야 하는 이유가 분명 있기 때문입니다.

'어느 장소'에서 '어떤 장사'를 해서 '어떤 고객'을 타겟으로 할 지 설계하는 일, 이것이 바로 여러분이 해야 하는 '입지 조사'입니다. 그리고 이 조사를 토대로 설계도 그리기. 이것이 곧 여러분의 비즈니스 전략이 됩니다.

간판은 이 전략을 수행하기 위한 전술수단입니다.

그렇다고 까다로운 얘기를 늘어놓으려는 것은 아닙니다.

이제 확인해야 할 사항은 아래의 두 가지.

걸어서 찾아오는 손님과 차로 방문하는 손님 중 누가 더 많은가?

첫째, 여러분의 가게는 도보나 자전거로 방문하는 고객이 많은 가게—통행인 대상 입지—인가? 아니면 차로 방문하는 손님이 많은 가게—길가 중심 입지roadside—인가?

일반적으로 통행인 대상 입지란 역 앞 주변이나 상점가·주택가에 해당하고, 길가 중심 입지는 교외 상점이나 쇼핑센터 등이 해당되는데, 이 두 구분은 정확히 나누기 어려운 부분이 있으므로 융통성 있게 생각하시기 바랍니다.

두 번째 확인 사항은 가게가 위치하는 지역이 상점가, 오피스가, 주택가 중 어디에 해당하는가?

미리 말씀드리면 조사해야 할 일은 이걸로 이미 반은 끝난 셈입니다.

이 조사를 통해 입지 타입을 알 수 있는데 타입을 파악하게 되면 어떤 종류의 간판을 사용할 것인지 그리고 어떤 간판을 디자인할 것인지가 대략 정해지게 됩니다.

또 이와 같은 조사를 할 때 도움이 되는 자료로 도시주택지도는 서점에서, 동네별 인구표와 인구 구성비율표 등은 관공서에서 받을 수 있고, 통행조사표나 유동인구는 정보 보존을 위해 정부가 제작한 DB를 활용하거나 상공회의소에서 구할 수 있으므로 참고해 보는 것도 좋겠지요.

가게 주변을 통행하는 사람들의 이동 경로를 철저하게 조사!

이번에 확인해야 하는 사항은 다음과 같습니다.

이 조사는 기간은 가능한 한 달 정도로 잡고 가게에서 반경 500m 전후를 빠짐없이 걸어 다니면서 신체적 감각으로 조사하시기 바랍니다.

'사람들의 이동이 어디에서 시작해 어디로 이어지는지 그리고 어떻게 움직이고 있는지'를 보는 것입니다. 동네 이름까지 표기되어 있는 지도를 준비해서 마치 탐정이 된 듯한 기분으로 그 이동 흐름을 구분해 보십시오.

조사 지역 내의 이동 흐름이 단 하나만 있다고는 할 수 없습니다. 어쩌면 두 개, 세 개 일수도 있고, 요일과 시간에 따라 변하기도 하고 또 어떤 때는 없어지기도 합니다. 이와 같은 이동 흐름을 모두 살펴 파악하는 것입니다.

고객 유치란 이와 같은 사람들의 이동 경로를 컨트롤해서 여러분의 가게로 향하도록 만드는 노하우이므로, TG를 발

견해 사람들의 이동을 구분하지 않는 한 아무것도 실행할 수 없습니다. 꼼꼼하고 끈기 있게 조사하시기 바랍니다.

참고로 이동 흐름에는 발생지점과 끝나는 지점이 존재합니다. 이와 같은 흐름의 시작과 끝을 업계 용어로는 트래픽 제네레이터Traffic Generator[5]라고 합니다.

---

[5] Traffic Generator,교통발생원: 역이나 대형 교차로, 사람들의 왕래가 잦은 곳 백화점 오피스빌딩 출입구 등을 말한다

경제 불황기에 성공하는 입지 법칙

고객을 빼앗는 입지 전략이 아닌 창출하는 입지 전략

현시대의 입지 전략은 이제까지의 전략과 그 사고방식이 전혀 다릅니다. '여기 입지는 좋다 나쁘다'는 식의 고정 관념적인 판단이 이제는 통하지 않습니다.
성공하기 위한 키워드는 다음과 같습니다.

- 지역화를 이용한 전문점
- 지역 다른 상점과의 차별화를 이용한 전문점화

약 10년 전까지만 해도 '장사를 하려면 첫째도 장소, 둘째도 장소'라는 사고방식으로, 확실히 손님이 많이 모이는 장소라는 게 존재했습니다. 하지만 현대는 1년 전만 해도 활기를 띠던 상점가가 모두 문을 닫고 유령도시로 변한 예도 있을 정도로, 사람들의 이동 흐름이 변화키 쉬운 상황에 있습니다. 많은 이론가들은 그 이유를 대기업이 운영하는 교외 상점에 고객을 뺏겼다는 등의 그럴듯한 얘기를 내세우고 있지만, 제 경험으로 볼 때는 그렇게 생각하지 않습니다.
제 생각에는 고객이 다른 가게로 발길을 돌렸다기보다는 우리 가게를 찾아올 것으로 기대했던 고객 그 자체가 사라졌다고 보는 것이 문제의 본질이라고 생각합니다.
다른 가게에 손님을 뺏겼다는 발상은 호황 경제 시대이거나 아니면 고도 성장기에 있을 당시의 사고방식이며, 경제 불황기 시대에 들어서는 소비자의 구매 의욕이 이전보다 떨어졌습니다. 갖고 싶은 것을 이미 다 가지고 있거나 아니면 안 사고 참아도 되는 상황이므로, 물건을 살 때 같은 품질이라면 가격이 싼 가게로 가게 됩니다.
따라서 이제는 고객을 쟁탈하는 입지 전략이 아닌 고객을 새롭게 만드는(창출하는) 입지 전략이 필요한 것입니다.

주변 분위기에 맞추어 연출한다

지역화에 의한 전문화란, 가게를 그 지역의 상징 같은 관광지로 만드는 전략입니다. 반경 100m 이내의 주변 분위기에 맞추어 그 분위기를 상징하는 듯한 느낌으로 가게를 꾸미는 전략입니다. 특별히 내장공사를 하거나 상품을 바꾸라는 얘기가 아닙니다. 어디까지나 연출을 의미합니다.

상점가의 분위기를 분석해 보았을 때, 가업 대대로 내려오는 옛날 그대로의 느낌을 지닌 전통 가게가 많은 상점가라는 결론이 나오면 여러분의 가게도 그런 분위기가 나도록 연출하는 것입니다. 또는 한적한 주택가인 경우에는 주부가 취미 겸 운영하는 수제 느낌이 나는 가게로 꾸밉니다.

기본적으로 아이디어는 그 어떤 것도 다 가능합니다. 중요한 것은 그 분위기를 완벽하게 연출하는 것입니다.

이 지역화에 의한 전문점화란 '상품을 판매한다'는 목적에 약간의 엔터테인먼트성을 띠도록 하는 것이 중요합니다.

지역 내 다른 가게와 차별화에 의한 전문점화란, 센스를 전면으로 내세워 연출한 개성 넘치는 개인 상점화를 말합니다. 단, 가게의 신조와 센스에는 '진품 지향' '건강 지향' '고급 지향' '수제 지향'과 같은 인상을 남겨야 합니다. 주의사항을 말씀드리자면 상품을 바꾼다고 해결되는 문제가 아니라는 것입니다.

일단 상품을 판매한다는 생각은 잠시 접어두고, 지역 고객들에게 상품 이외에 어떤 이점을 제공할 수 있을지를 생각해 봐야 합니다.

- 야채가게라면 야채를 판매만 하는 가게가 아니라 야채를

통해 고객의 건강생활을 제안하는 가게.
- 서점이라면 제일 잘 판매되는 책을 진열만 해 놓는 곳이 아닌 책을 좋아하는 사람들이 쉬며 교류할 수 있는 장소를 제공하는 가게.
- 인쇄소라면 이 곳에 오면 참고할 수 있는 멋진 명함이나 전단지·팜플렛 등이 많아, 소파에 편히 앉아 센스 넘치는 판촉물을 천천히 구경하며 여유롭게 생각할 수 있는 고급 지향형 살롱.

이와 같은 발상으로 '상품'에 우리 가게만의 신조와 센스를 추가 구성해서 생각해 보시기 바랍니다.
요즘 거리를 둘러보면 '잠시 들러 구경이나 하다 갈까' 하는 생각이 들어 관심이 가는 가게가 압도적으로 많이 줄었다는 생각 안 드시나요?
여러분 스스로 객관적으로 '이 동네에 이런 가게가 있으면 좋을 텐데'하는 가게를 생각하면 됩니다. 원점은 바로 거기에 있습니다.
이처럼 그 지역을 고려하여 상점을 연출하는 것이 성공 조건입니다.

조사의 정확성은
장사에 대한 집념과
비례한다

스스로 걸어보며 독자적인 시점으로 거리를 파악하라

잠깐 페이지를 할애해서 제 의견을 말씀드리고 싶은 사항은 입지조사라는 것이 통계학같이 숫자를 분석하는 일은 아니라는 것입니다. 비즈니스에 대해 얼마나 진지한 자세로 대하느냐에 따라 보이는 세계가 전혀 다릅니다.

요즘에는 컴퓨터로 간단히 상권분석을 할 수 있는 소프트도 판매하고 있지만, 그런 것에 의존하지 않고 스스로 거리를 걸어보며 상점에 직접 들어가 분위기나 고객층을 살펴서 그 동네에 대해 독자적인 시점으로 파악하는 것이 중요합니다.

이런 면에서는 그 어떤 노하우도 관계없으며 아주 우직할 정도로 아날로그적인 작업입니다.

저는 자주 어떤 간판을 만들어야 할지에 대해 생각할 때, 우선은 고객 상담자에게 그 동네의 모습과 분위기에 대해 얘기해 달라고 합니다. 이 설명을 구체적이고 분명하게 말해 주실수록 앞으로 제가 앞으로 어떤 방향으로 무엇을 해야 할지가 명확히 정해집니다. 그런데 많은 분들이 본인이 장사를 하는 동네의 반경 500m 정도에 대해서도 한두 마디밖에 설명을 못 한다는 겁니다. 저는 그런 분들에게는 "다시 한 번 동네를 살펴보고 오세요."라는 부탁을 하는데, 아무리 설명을 해도 대충대충 보는 분들이 계서서 경우에 따라서는 간판제작을 거절하는 경우도 있습니다.

쓰레기 내용물까지 조사해서 소비 행동을 파악하는 가게 주인!

물론 그중에는 의욕이 넘치는 분도 계시는데, 제 고객 중에 쓰레기장에 버려져 있는 쓰레기봉투를 열어 안의 내용물을 살펴서 어떤 사람이 살고 있는지 그리고 어떤 상품을 사고 있는지까지 조사하는 분도 계십니다.

이런 방법으로 조사하면 어느 가격대가 잘 팔리는지도 단번에 알 수 있습니다. 마트 봉투만 보더라도 어느 마트를 이용하는지 알 수 있는 자료가 됩니다.

그분 말씀으로는 어설픈 앙케트를 실시하는 것보다 돈도 들이지 않고 질 높은 정보를 얻을 수 있다고 합니다.

그게 어떤 정보인가 하면, 음식이 들어있던 봉투를 보면 식욕에 대해, 책이나 잡지를 보면 라이프 스타일에 대해, 가게 비닐 봉투를 보면 상권 데이터에 대해, 일상생활용품 용기를 보면 그 집의 가족구성원에 대해, 정보를 아주 정확하게 알 수 있다고 합니다.

하긴 그분이 알려주신 동네 정보는 상당히 구체적이고 소비자가 명확하게 떠오를 정도로 자세하고 설득력 있는 정보였습니다.

이런 분은 아주 드문 경우이겠지만, 이 정도로 조사가 이루어졌다면 앞으로 무엇을 해야 할지 그 답을 바로 알 수 있습니다.

지금 이 글을 읽고 계시는 여러분께서도 독자적인 분석방법을 찾아 시도해 보시기 바랍니다.

**상품과 판매 방법에 따라
현장의 규모가
변화한다**

상품을 3가지 타입으로 구분한다.

또 하나 주의해야 할 점이 있습니다. 현장의 규모, 장사의 사정거리는 상품의 속성과 판매 방법에 따라 확대됩니다. 우선 상품에 대해 살펴볼까요? 상품은 다음 세 가지 타입으로 구분해서 생각합니다. 여러분께서 취급하고 계신 상품은 어디에 해당합니까?

• **편의품** 편의품이란 보통 구입할 때 최소한의 노력만 있으면 되며 자주 구입하는 제품. 전형적인 예로는 담배, 비누, 잡지, 식료품 등의 생활필수품이 있다.

• **매품** 선매품이란 돌아다니며 여러 제품을 보고 시간을

들여 비교한 뒤에 구입하는 제품. 전형적인 예로는 가구, 옷, 대형 가전제품 등이 있다.

• **전문품** 전문품이란 고유의 특성이나 브랜드가 명시된 제품으로 소비자가 꽤 신중하게 고려해서 구입하는 제품. 카메라, 고급시계, 고급 양복 등이 이에 속한다.

물론 이 중에서 사정거리가 가장 가까운 것은 편의품이지만, 편의품이 제일 구매 빈도가 높으므로 기회 또한 많다고 할 수 있습니다.

그리고 제 경험상 깨달은 것을 말씀드리자면, 장사를 할 때 편의품을 강화하면 사정거리(소비자가 통근 통학 도중에 내려서 좀 들려볼까 하는 생각이 드는 범위)를 1.5배 정도는 넓힐 수 있으며 구매 빈도도 월 1회 정도는 늘릴 수 있습니다.

편의품을 강화시키는 방법에는 개성적인 상품을 판매하거나 서비스를 제공하는 방법 등이 있습니다. 앞서 말씀드린 〈전문점화〉하고도 연관되는 부분입니다.

상품 타입으로 공격 중시인지 수비 중시인지를 결정

그런데 선매품이나 전문품을 판매하는 가게는 아무리 사정거리가 편의품보다 넓다고는 해도 대기업 전문점에게 손님을 빼앗기기 마련입니다. 그 이유는 다양한 상품 종류와 가격 승부에 있습니다. 솔직히 말해 정면승부를 한다면 이길 승산은 전혀 없습니다.

이런 상품을 취급하고 있는 상점이라면 상권을 조금 더 좁혀 지역 밀착적인 장사로 생각하지 않으면 안 됩니다. 상품 경쟁에서 이길 확률이 없다면 이제 지역밀착 서비스로 승부를 해 보는 것입니다. 지역 밀착적인 서비스를 하기 위해서는 최소 반경 1km에 있는 소비자가 어디에 사는 어떤 사람인지 파악하지 못한다면, 앞으로 뭐를 어떻게 해야 하는지조차 전혀 감이 안 잡힐 것입니다.

여하튼 상품의 속성 면으로 볼 때, 편의품을 취급하는 가게는 공격적 장사를 강화, 선매품·전문품을 취급하는 가게는 수비적 장사를 강화한다는 발상을 가지고 있으면 전투 우위성이 향상될 것입니다.

판매 방법은 4가지로 분류

다음으로 판매 방법은 그 종류를 이하 4가지로 분류해 생각해 보겠습니다.

- **고정판매** 가게에서 판매하는 것을 말합니다. 상권은 가게 중심으로 범위가 한정됩니다.
- **통신 판매** 최근에는 인터넷 통신 판매가 편리해져 개인 가게에서도 통신 판매를 통해 쉽게 구입할 수 있습니다. 기본

적으로 상권의 범위 제약은 없지만, 오프라인의 가게도 있는 경우는 상권 범위를 동일 시내 정도로 정하는 전략이 효과가 있습니다.

- **이동 판매** 자동차로 이동하며 판매하는 방법입니다. 노점상도 여기에 포함되는데 피자 배달이나 생선, 과일, 재활용품 회수 등의 이동 판매를 연상하시면 됩니다. 가게를 내서 장사를 하고 계신 분이라면 약간 저항감이 느껴지는 분도 많겠지만, 가게 선전·판촉을 겸해 생각하면 상권을 평소의 3배 정도까지 확대시킬 수 있으므로 판매를 강화하는 방법으로는 상당히 효과적입니다.
- **방문 판매** 주로 선매품이나 전문품에 적합한 판매 방법으로 상권은 상품에 따라 크게 달라집니다. 자칫 판매 방법을 잘못 택하면 전혀 팔리지 않을 수도 있고 평판이 나빠지는 경우도 있으므로 주의가 필요합니다.

판매 방법을 복합화시킨다는 것은 결국 상권을 확대시키거나 상권 내의 판매력을 강화해 지명도를 높여 가게의 매상을 올리는 것이 목적입니다.
이와 같은 복합화 방법을 통해 간판의 효과를 상승시키는 것도 가능합니다. 판매 방법에만 의존해 매상을 올리는 것이 가장 중요한 일은 아니므로 오인하지 않으시기 바랍니다.

거리의 동선을 살펴
내가 경쟁해야 할
상권을 조사한다

가게를 방문할 것 같은 사람들의 행동 경로를 조사하자

이상의 예비지식을 잘 익혔으면 이제 노트와 펜 그리고 이 책을 들고 실제 거리로 나서볼까요?

이제 제일 먼저 여러분의 가게 주변에서 가장 큰 '사람들의 이동 경로 발생지점'을 생각해 그쪽으로 이동해 보십시오. 가능한 구체적으로, 예를 들자면 역의 경우에는 서점 출구—가장 중심이 되는 출구—쪽인지 쇼핑센터나 마트 출구 쪽인지 아니면 요일하고 시간을 한정해서 일요일 오후 3시 공원 출구인지 등의 방법으로 가정해 보십시오.

그다음에는 여러분의 가게에 방문할 것 같은 일반 사람들의 속성을 한정시킵니다. 회사 퇴근길의 샐러리맨, 쇼핑길에 들른 주부, 집에 돌아가는 중인 여직원 등과 같은 식으로 범위를 좁혀서 해당되는 사람을 찾아보십시오.

그런 사람이 보이면 몰래 그 사람 뒤를 따라가십시오. 어디까지 쫓아가야 하느냐 하면 여러분의 가게로 가는 경로에서 완전히 벗어나는 길이 나올 때까지입니다.

특히 보행 중인 사람을 조사하는 경우에는 어느 횡단보도를 건넜는지, 좌우 어느 쪽 길을 걸었는지 등 아주 세세하게 살필 필요가 있습니다.

차의 이동 흐름을 체크하라

차로 오는 고객이 많은 가게의 경우에는 발생지점을 한정·속성을 좁히는 일 등 다소 어려운 면이 있지만, 발생지점의 범위는 여러분의 가게 앞을 지나는 도로의 1km 정도로 한정시켜 어떤 방식으로 그 길에 차가 합류하는지를 확인하십시오.

예를 들면 어느 교차로에서 합류되는 경우가 많다든지, 마트 주차장에서 합류되는 것이 많다든지 하는 방법으로 가정해 갑니다. 속성을 한정 짓는 것은 상당히 어려운 작업이지만, 우선 여러분의 가게에 오는 차들을 살펴서 가족형 차인지 외제차인지 등의 타입을 분석하십시오.

그리고 그 타입하고 비슷하게 여겨지는 자동차를 선택해서 그 뒤를 따라가 보십시오. 이 경우도 도보 조사의 경우와 마찬가지로, 여러분의 가게로 가는 경로에서 완전히 벗어나는 길이 나올 때까지 따라 갑니다.

도보, 차 조사 모두 1명(1대) 조사할 때마다 노트에 기록하십시오. 저는 보통 100명(100대) 정도를 조사합니다. 통계적으로는 많이 부족한 숫자이지만, 이 정도 수만큼 조사하다 보면 역시 감이 오게 되어 '본인 스스로 가장 신용할 수 있는 가설'이 떠오릅니다. 학교 공부를 하는 게 아니니 이 정도면 충분합니다.

저는 개인적으로 이와 같은 작업을 "이동 경로의 질을 파악한다."고 말하는데 이 이동 경로라는 것이 반드시 하나만 있는 것은 아니며, 역류왕복하는 일도 있고 또 여러 이유로 인해 이동 흐름의 방향이 바뀌는 일도 있습니다. 가장 큰 이동 흐름을 주류主流 동선이라고 생각했을 때 보통 5개 정도의 동선을 조사해서 질을 확인하시기 바랍니다.

이렇게 말로는 쉽게 하고 있지만 솔직히 말해 이건 저도 무척이나 지치는 작업입니다. 특히 여름 같은 계절에는 땀을 비 오듯 쏟으며 작업하기 때문에 힘들기도 합니다.

저 같은 경우에는 간판 의뢰를 받아 조사가 필요하다는 판단이 서면 그 고객과 같이 둘이 조사를 하는데, 여러분은 가족 분이나 누군가 파트너가 되 줄 사람을 찾아서 같이 하실 것을 권합니다.

거리의 간판을 보고 우리 가게의 장점을 분석한다

라이벌 가게의 세일즈 포인트를 조사한다

동선 조사가 어느 정도 마무리되었으면 이번에는 동선 내에 있는 라이벌을 조사합니다.

'다른 가게는 무엇을 주력으로 내세우고, 어떻게 PR을 하고 있는지'를 조사합니다. 이때 같은 업종 이외에도 여러분의 가게를 방문하는 고객들의 행동 패턴을 상정해서, 해당하는 업종의 가게도 같이 분석하십시오.

예를 들어 여러분 가게에 방문하는 '손님'을 저녁 재료를 고민하고 있는 주부로 가정했다면, 아마 그 주부는 오늘 반찬을 생선으로 할지 고기로 할지 고민하고 있을 것입니다. 그러면 이제 그 주부가 생선 가게에도 들러보고 정육점에도 들를 것으로 예상할 수 있겠지요.
세일즈 포인트라고는 해도 대부분의 경우는 저가격, 다양한 물건의 종류, 품질 중 하나입니다. 그중에는 독자적인 서비스와 개성을 지닌 가진 가게도 있겠지만, 제 경험상 그런 가게는 아주 소수입니다.

간판으로 무엇을 알 수 있는지 체크하자

조사방법은 아주 간단한 데, 간판을 보고 무엇을 알 수 있는지―뭐가 떠오르는지―를 메모하는 것입니다. 흰 바탕에 검은색 글씨로 ○○서점이라고만 쓰여 있는 간판을 보면, '서점, 신간서 중심, 체인점은 아닌듯한 느낌. 색깔은 흰 바탕' 이런 식으로 메모하면 됩니다. 오로지 가게 밖에 배치된 간판이나 거기에 붙어 있는 전단지 등만 보고 판단하십시오.
동선상의 해당되는 가게를 조사했으면, 이번에는 그 데이터를 신서 중심 3건, 중고서 중심 1건, 만화 중심 1건, 체인점 4건, 개인 서점 1건, 흰 바탕 3건, 파란 바탕 2건 등 본인 나름대로 정리해 보십시오.
상당히 오리지널리티 넘치는 느낌이 들 텐데, 이처럼 나만의 독자적인 데이터를 만들어 라이벌 가게의 경향을 판별합니다. 실제로 조사해 보시면 아시겠지만, 대부분의 가게들이 이름―가게명·회사명―이나 대략적인 카테고리―신발, 야채, 프린트 등―와 가격으로만 PR을 하고 있습니다.

가격이 저렴해서 그런 것인지, 아이디어가 없는 것인지 정말 한 패턴뿐입니다.
그러니 여러분은 이제 가게의 개성을 어떻게 PR해야 하는가 하는 점만이 남았습니다.

"광고는 난로를 지피는 것과 같다.
계속 나무를 집어넣지 않으면 안된다."

PART 3

간판 디자인의 비법

**간판 디자인의 기본은
점포 전략과 상품 전략을
한 눈에 알아보게
표현하는 것**

누구에게 무엇을 어떻게 전달할 것인가

드디어 이제 간판의 기획·디자인 방법에 대해 알려드리겠습니다.

그렇다고는 해도 제가 여러분께 알려드리고자 하는 것은 일반적인 광고 디자인론 등에 쓰여 있는 내용과는 조금 다릅니다.

앞장에서 주변 가게들의 간판을 조사하도록 부탁했는데, 이 세상에는 목적에 맞지 않는 간판들이 얼마나 많은지요. 여기에서는 그런 간판들과는 분명히 구분해서 '고객을 불러 모을 수 있는 간판 제작' 방법을 알려드리겠습니다.

그러기 위해서 가장 중요한 것은 '방문 타켓 사람의 범위를 구체적으로 좁혀서 기획·디자인하는 것'입니다. 바꿔 말하면 누구에게, 무엇을, 어떻게 전달하고 싶은지를 의식하는 것입니다. 이것이 기본 조건입니다. 당연한 얘기로 들리시나요? 그런데 제가 보기에는 이 세상 대부분의 간판들이 분위기에만 치중한 것이 많습니다.

"그래도 대기업 간판들은 타켓을 한정시켜 만든 것이 많지 않나요?" 하고 생각하는 분도 계실 겁니다. 하지만 그건 CF 연장선으로 '영상 광고를 판에 잘라 붙인 간판'으로 보는 게 좋습니다. 먼저 간판─옥외─광고가 만들어진 후에 CF가 만들어졌다고 보기에는 어렵지 않을까요?

제가 말씀드리고자 하는 요지는 '간판을 설치하는 장소를 포함해 왜 그곳에 간판을 설치하는지'까지 고려해서 기획·디자인된 간판이 대체 얼마나 있을까 하는 얘기입니다.

툭 터놓고 말해, 이 정도로 고심해서 만든 간판은 눈에 잘 띄며 쉽게 잊혀지지도 않습니다. 왜냐하면 그런 간판을 보기란 쉽지 않기 때문입니다. 따라서 이런 간판을 만들기만 해도 상당한 효과를 얻을 수 있습니다. 이 정도로 이 기본 전제가 지켜지지 않고 있다는 의미이기도 합니다.

이 조건은 기본 중의 기본이자 간판 제작에 있어 첫걸음이기도 하여 이 단계에서 어긋나면 이후 단계는 엉뚱한 방향으로 나가게 될 우려가 있으므로 핵심 포인트를 조금 더 자세하게 설명하기로 하지요.

여러분의 가게에 와 주었으면 하는 손님을 이미지화한다.
다음 사항을 떠올려 보십시오.

여러분의 가게에 어떤 고객이 많이 오면 장사가 잘 될 거라고 생각하십니까?

- 사기로 이미 결정하고 오는 손님
- 아는 사람을 데리고 오는 손님
- 대량으로 사 가는 손님
- 정가로 사는 손님

생각나는 대로 떠올려 항목별로 정리해 보십시오.
다만 제가 이 질문을 드리면 '고정손님Repeater이 돼 주는 사람'이라고 답하시는 분이 많이 계신데, 이미지—회답—를 생각하는 데 있어 이 대답만으로는 충분하지 않습니다.
고정손님이란 장사를 하는데 가장 마지막에 나타나는 결과이지, 간판을 봤다고 갑자기 고정손님이 된다는 것은 무리입니다

여러분의 가게를 방문해 주었으면 하는 고객이 주변에 있는가?
다음으로 조금 전에 항목별로 정리한 사항 아래에 다음 질문의 대답을 추가해 보십시오.

그 고객은 여러분 주변 사람 중 어떤 사람이 될 가능성이 높은가?

그 인물상을 가능한 구체적으로 이미지화해보십시오. 그 가능성이 높다는 것은 여러분이 판매하는 것에 누가 가장 만족할 것인가? 그리고 그 손님은 어떤 만족을 얻을 것인가? 하는 면에서 생각해 보십시오.

꼭 가게에서 구매한 사람만이 제일 중요한 사람이라고 할 수는 없습니다. 그리고 그 만족감이 보편적인 것일수록 가능성은 높아집니다.

"자, 하실 수 있으시겠나요?"

실은 이 질문에 명확하게 대답하는 사람만이 손님을 불러 모으는 간판을 만들 수 있는 사람입니다. 항목별로 정리한 사항에 대해 모두 적절하고 구체적인 인물상을 매치시켰다면 틀림없이 획기적으로 잘 되는 가게로 변신시킬 수 있습니다. 제가 보증합니다.

모든 항목을 구체적으로 답변하지는 못했지만 적어도 하나는 납득이 갈 만한 이미지를 완성했다면 잘 되는 가게가 될 가능성이 50% 정도는 있습니다.

만약 납득이 갈 만한 이미지가 여러 개 있는 경우에는 최우선 순위에 둘 수 있는 것을 하나 선택하십시오. 그리고 우선은 그 이미지에 해당하는 고객을 대상으로 간판을 만듭니다.

자! 어떻습니까? 정말 그렇게 만들어도 되느냐고요? 걱정되세요? 괜찮습니다. 이렇게 해도. 이런 말씀을 드리는 것도 좀 뭐하지만 "불경기라 큰일이야." 라며 불평만 늘어놓는 가게일수록 이 이미지를 연상시키지 못합니다. 왜냐하면 그것은 '누가 되던 상관없으니 제발 아무나 좀 사줘!'라는 생각을 갖고 있기 때문입니다.

고객과 가치관을 공유하자

저 개인적으로도 사업에 실패한 경험이 있지만 "아무나 좀 사줘!"라는 생각을 가지고 있는 한 그 가게가 잘 될 가능성은 없습니다. 그런 가게는 계속해서 가격 경쟁을 할 수밖에 없기 때문이지요. 즉 내세울 만한 다른 세일즈 포인트가 없으면 "쌉니다. 정말 싸요." 이외에는 할 말이 없기 때문입니다. 그러면 손님 쪽에서도 "그래요? 얼만데요?" 하는 기준으로만 판단하기 때문에 "저쪽 마트가 더 싸네."하고 가 버리게 됩니다.

본래 장사의 선전 문구에는

'우리 집이 싸요'
'같은 가격에 품질은 더 좋아요'
'다른 데보다 좋아요'

이 세 종류가 전부입니다.

대부분의 가게들이 '우리 집이 싸요'라고 하지만 '다른 데보다 더 좋아요'라는 얘기를 할 수 있는 가게만이 오직 경쟁에서 이길 수 있습니다. 물론 누가 봐도 인정할 수 있는 좋은 품질이 아니라면 거짓말을 하는 게 되겠지요.

그런데 업종에 따라서는 이런 얘기를 쉽게 꺼내지 못하는 곳이 많은 것도 현실입니다. 그래서 '좋다'는 기준을 '고객과 어떤 가치를 공유한다'는 의미로 바꿔 말할 수도 있다는 점이 중요합니다.

그리고 또 '어떤 가치관'이란 다른 표현으로 '어떤 만족도'를 의미합니다. 모든 사람이 좋아할 수 있는 가게로 만들자는 생각은 버리고 이상 타켓으로 생각하는 사람만을 대상으로 추구하십시오. 제 경험상 실제 그렇게 하는 편이 더 효율적입니다.

참고로 제 경험을 말씀드리면, '간판을 이용해 고객 유치를 생각하는 사람'이 이상적인 사람입니다. 극단적으로 말하면 그 외의 사람은 가격 이외에는 관심이 없는 사람입니다. 돈을 벌고 안 벌고를 떠나 그런 고객만을 상대하다 보면 저 또한 사업에 흥미를 잃게 됩니다. 그래서 '가격 이외에 개성을 추구하는 사람이란 대체 어떤 사람인지'를 철저하게 파악해서, '손님을 잘 모으지 못하고 있는 경영자들에게 고객 유치의 좋은 방법을 알려주면 앞으로는 가격 교섭만 중요하게 생각하지 않겠지'하는 생각을 해 보았습니다.

이 예상이 딱 들어맞아 덕분에 고객 수도 늘어났고 질 또한 눈에 띄게 높아졌습니다. 그런데 실은 질이 높아졌기 때문에 양도 늘어난 것입니다.

다음으로 조금 전에 항목별로 정리한 사항 아래에 다음 질문의 대답을 추가해 보십시오.

간판 디자인
속성 강좌(1)
색

기본 법칙-색에는 성격과 궁합이 있다는 사실을 기억하자!

그러면 기본 조건을 기초로 해서 최소한 알아 두어야 할 규칙에 대해 공부해 봅시다.

우선 제일 먼저 기억해야 하는 것은 색에는 성격과 궁합이 있으며, 배색이란 성격과 궁합을 매칭Matching 시키는 것입니다. 즉 색의 성격과 궁합을 알면 배색은 자연스럽게 할 수 있게 됩니다.

성격과 궁합을 알기 위해서는 색상환을 이용합니다.

색상환이란 20종류의 색을 둥그렇게 원 모양으로 나열한 것을 말하며, 그 한 종류 한 종류를 색상이라고 합니다. 유사 색끼리는 색 궁합이 잘 맞으며 쉽게 조화되고 친숙한 인

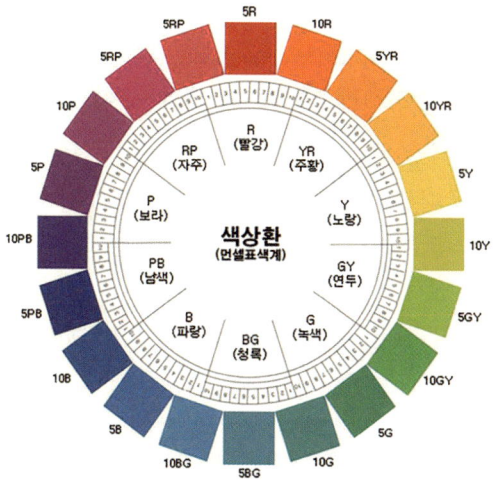

상을 줍니다.

이와 달리 반대에 위치하는 색은 서로 두드러지게 하는 관계에 있습니다. 다만 서로 돋보이게 하기 위해서는 색의 양을 '9대 1~7대 3' 사이로 제한해야 합니다.

서로 궁합이 잘 맞는 색은 주로 세세한 부분을 정리해 볼륨감을 내고 싶을 때 사용하면 효과적이며, 반대 위치에 있는 색은 긴장감을 표현할 때 사용하면 좋습니다.

다만 궁합이 맞는 색을 너무 많이 사용하게 되면 매너리즘에 빠진 디자인이 되어 사람들 눈에 띄지 않게 되며, 반대에 있는 색을 많이 사용하면 전달하고자 하는 내용이 잘 표현되지 않습니다.

색상에 따른 이미지 차이를 파악하자

또 색상에 따른 이미지는 다음과 같습니다.

단 사용 분량이 과다하지 않도록 주의해야 합니다. 예를 들어 빨간색을 너무 많이 쓰면 격해서 초조한 느낌 등을 주어 예상과는 정 반대의 나쁜 결과를 초래합니다.

빨간색
격렬·강함·생명력·매움·정열·사랑·흥분

노란색
주의·기운·온기·따뜻함·쾌활

녹색
자연·환경·신선·안전·평온·건강

파란색
서늘함·상쾌함·차가움·지성·예리·성실·남성

보라색
신비·우아·고상·고귀·기품·품위·온화·엘레강스·섹시

 **흰색**

청결·결백·위생적·순결·청초·차가움·정의·가벼움·심플

 검은색

위엄·고급·세련·안정·도회적·형식적

 핑크색

부드러움·귀여움·달콤함·봄·로맨틱·아이같음·최고의 행복·여성

 오렌지색

따뜻함·건강적·발랄·활발·명랑·기운·적극적·식욕을 돋움

 갈색

차분함·안정·풍족·결실·심오

 금색

고급·영원·화려함·지위

 은색

고급·지성·눈·도회적·세련·심플

색의 명도(明度)와 채도(彩度)를 알면 디자인 능력이 향상 된다

다음으로 명도와 채도표를 보십시오.

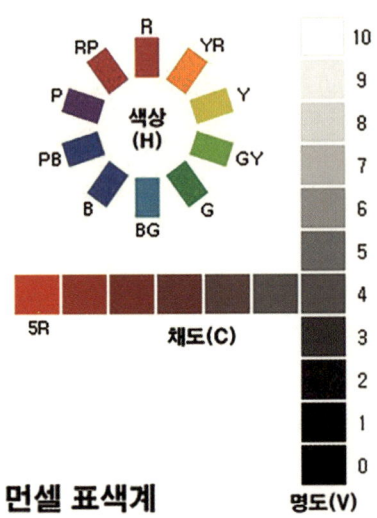

같은 색상 내에서도 색의 밝기와 순도농도에 따라 색상이 달라집니다. 일반적으로 밝기를 '명도'라 부르는데 밝아질수록 흰색의 비율이 높아지고 어두워질수록 검은색 비율이 높아집니다. 명도가 높다는 것은 흰색을 많이 띤다는 것을 의미합니다.

순도란 '채도'를 말하는데 채도가 높을수록—표 왼쪽으로 갈수록—그 색상의 성격이 짙게 나타납니다.
이 명도와 채도의 강약強弱을 톤tone이라 하여 크게 10가지 톤으로 나누어지는데, 색상이 달라도 톤이 같으면 그 색에서 받는 느낌이 비슷하다는 성질이 있습니다.

화이트(White)

청결함·차가움

그레이(Gray)

세련됨·도회적·외로움

블랙(Black)

형식적·고급스러움·어두움

페일(Pale)

부드러움·귀여움·약함·가벼움·얇음·산뜻함

라이트 그레이시(Light Grayish)

우아함·고상함·여성적·조심스러움·어른스러움

그레이시(Grayish)

차분함·수수함·탁함·소극적

다크 그레이시(Dark Grayish)

중후함·튼튼함·딱딱함·남성적·완고함

라이트(Light)

즐거움·맑음·얕음·동화같음·로맨틱

덜(Dull)

칙칙함·우유부단함·둔함·차분함

다크(Dark)

원숙미·점잖음·어두움

브라이트(Bright)

건강함·명랑함·평온함·밝음

디프(Deep)

전통·깊음·짙음·심각함·풍족함

비비드(Vivid)

강함·산뜻함·선명함·화려함·적극적

경험이 적은 아마추어일수록 색을 '색상'으로 구분해 사용하려는 경향이 있는데, 톤을 일치시키는 색 사용 방법을 익히면 한층 더 수준 높은 디자인을 완성할 수 있습니다.

간판 디자인
속성 강좌 (2)
문자

문자의 3종류 성격

색 다음으로 이번에는 문자에 관한 기초지식을 살펴보겠습니다. 문자에는 다음 3종류의 성격이 있습니다.

- 쓰는 문자
- 보여주는 문자
- 읽게 하는 문자

쓰는 문자란, 기록으로 남기기 위한 문자로 일기나 메모 등을 말합니다. 기본적으로 글을 쓴 본인이 그 의미를 이해하면 되는 글자입니다.

보여주는 문자란, 로고나 제목·선전 문구 등 주위를 끌기 위해 장식한 글자를 말합니다. 문자 그 자체가 인상적으로 보이는 문자입니다.

읽게 하는 문자란, 신문·잡지 등에 쓰이는 글자로, 주로 문장으로 길게 사용되는 일이 많으므로 읽을 때 쉽게 피로를 느끼지 않는 문자입니다.

개인적인 의견이지만 문자는 문화라 생각합니다. 세계 각지의 문명 발전과 함께 필요성이 대두되어 한글·알파벳·한자·히라가나·아라비아 글자 등 각기 다른 모양의 글자로 확립되었으며, 같은 서체라도 이미지에 따라 변화시킬 수 있는 서체가 탄생했습니다.
간판에 사용 가능한 서체란, 이와 같은 시점에서 우리가 보통 자주 접하는 문자를 다음과 같이 구분해 보았습니다.

명조체 (읽게 하는 문자)

명조체는 인쇄의 발전과 함께 확립된 것으로 알려져 있습니다. 신문, 잡지 등에 적합합니다. 다만 요즘 같은 컴퓨터 시대에는 컴퓨터에서 글을 읽을 기회가 많아졌습니다. 명조체는 선이 가늘기 때문에 아무래도 컴퓨터 상에서 읽게 하는 문자로서는 적합하지 않은 것으로 생각됩니다.

명조체

명조체

명조체

각고딕체(보여주는 문자)

신문의 표제어나 글자를 강조하는 데에 사용되고 있습니다. 좋게 표현하면 딱딱하고 강하며 성실한 이미지가 느껴지고 나쁘게 말하면 차가운 이미지로, 회사 이름이나 로고 등에 많이 사용되는 문자입니다.

각고딕체
각고딕체
각고딕체

둥근고딕 (읽게 하는 문자)

각고딕체의 각 부분을 둥글게 표현한 형태입니다. 관공서 관련·공공시설 등의 간판에 많이 사용됩니다. 친근감이 느껴지는 부드러운 이미지가 특징입니다. 또 굵게 쓰면 촌스러운 느낌, 가는 선으로 표현하면 근대성·세련미가 느껴져 사용 방법에 따라 다양한 분위기를 낼 수 있습니다.

둥근고딕
둥근고딕
둥근고딕

해서체(보여주는 문자·쓰는 문자)

해서楷書·행서行書·초서草書 계통의 문자는 옛날에는 쓰는 문자로서 발전해 왔지만, 현대에 들어서는 고전적인 느낌을 표현하는 보여주는 문자로 사용되는 일이 많아졌습니다.

해 서 체

해 서 체

해 서 체

전서(篆書體)(보여주는 문자)

문자를 보면 바로 알 수 있듯이 도장에 사용되는 문자입니다. 인상에 남고 장식적인 효과가 있는 특색 있는 문자입니다. 음식업 관계의 로고 등에 사용됩니다.

진 어 체

진 어 체

진 어 체

예서체(보여주는 문자)

옛날 느낌이 드는 글자로 중후·위엄·신용 등의 이미지를 표현하므로 예전에는 은행 등의 로고에 사용되었습니다.

예서체
예서체
예서체

캘리그라피(Calligraphy)(보여주는 문자, 쓰는 문자)

캘리그라피란Calligraphy '손으로 그린 그림문자'라는 뜻입니다. 기계적인 표현보다는 개성적인 표현과 우연성이 중요시되며 유연하고 동적인 선, 글자 자체의 독특한 번짐, 살짝 스쳐 가는 효과, 여백의 균형미 등 다양한 효과를 낼 수 있습니다. 자유로운 이미지가 특징이며 근래에 들어 간판에 많이 사용됩니다.

간판의 이미지는 서체에 따라 변화한다.

각고딕체

장식이 없으며 합리적이고, 명조체와 비교해 모던한 느낌을 준다. 간판디자인 중에서는 가장 표준적인 서체.

해서체

붓글씨, 가장 전통적이고 역사가 있는 서체이므로 이 점을 강조하고 싶을 때 사용하면 좋다. 종류가 다양하다.

명조체

붓글씨에서 발전한 서체. 글씨체의 곳곳에서 그 흔적을 찾아볼 수 있다. 간판에 사용할 때는 조금 두껍게 표현할 필요가 있으므로 주의해야 한다.

장식문자 (명조계)

비교적 P·O·P 이미지의 서체가 많다. 그대로 로고로 사용할 수 있는 서체에서부터 사용하기 까다로운 서체까지 다양하다.

둥근고딕

고딕체에서 발전하여 장식문자에 속하는 서체. 현재는 표준적인 서체로, 각이 없는 부드러운 느낌이 좋은 이미지를 주어 여러 상황에서 활용 가능하다.

장식문자 (고딕계)

가로로 쓰면 그 라인이 아름다워 가게 이름 등에 사용하면 정돈된 느낌이 조화를 이루어서 로고처럼 보인다.

**간판 디자인
속성 강좌 (3)
디자인**

말을 전달할 때의 최상의 상황을 색으로 표현한다

색과 문자에 대한 기본지식이 갖추어졌으면 이제 드디어 디자인에 관한 이야기입니다.

기본 조건에 대해서 말하였듯이 구체적으로 '누구에게, 무엇을, 어떻게 전달할 것인가'를 심사숙고하여 전하고자 하는 이야기를 한마디로 정리해 그 말을 전하는 최상의 상황을 색으로 표현한다면 어떤 색이 될지 상상해 보십시오. 그것이 바로 간판의 기본 컨셉입니다.

디자인을 생각하는 6개의 포인트

다양한 시도를 통해 컨셉을 어떻게 잡을지 명확해졌다면,

이제 다음 6개의 포인트가 잘 지켜지고 있는지 체크하며 디자인을 생각합니다.

- 가시성이 높다-보기 쉽고 주목할 만한 것이 있다.
- 가독성이 높다-글자가 읽기 쉬우며 내용을 바로 알 수 있다.
- 조형성이 높다-밸런스와 리듬이 조화를 이루어 균형 잡힌 디자인.
- 독창성이 높다-개성을 느끼게 한다.
- 상징성이 높다-간판을 보았을 때 그 내용이 암시적이거나 상징적인 것.
- 친근성이 높다-누구나 쉽게 받아들일 수 있는 것.

최종 목적은 판촉 간판!
설비 간판은
불필요

통행인이 거쳐야 할 3단계

앞서 말씀드린 기초지식만으로도 충분히 간판 디자인이 가능하지만, 손님을 모을 수 있는
포인트를 몇 가지 더 알려드리겠습니다.
요점을 말하자면, 길을 통행하는 소비자가 다음 3단계를 거치도록 했는지 확인하는 것입니다.

1단계—인지(매력을 느끼게 한다)

소비자가 보행하고 있는 경우에는 7m, 차에 타고 있으면 60m 앞에서부터 쉽게 인지할 수 있는 간판인가? 그리고 제일 먼저 인지시켜야 하는 점은 무슨 가게업종인지, 주력 상품

은 무엇인지를 알리는 것입니다. 그런데 전하고자 하는 내용을 인지 단계에서 모두 알릴 필요는 없습니다. 핵심이 되는 한 두 마디 말이나 디자인 하나 정도로 충분합니다.

2단계—주목 (읽게 한다)

보행자는 가던 길을 멈추고, 자동차는 세워 주차하게 만드는 전략이 있는가 하는 것입니다. 어디까지나 손님이 가게에 관심을 갖게 된 후의 상황이므로, 상품이나 캠페인 또는 가게에 대해 더 깊게 알릴 수 있는 내용으로 전략을 세워야 합니다.

3단계—입점 (시험해 보도록 만든다)

인지·주목의 단계에서 전하고자 하는 내용을 전했다면, 이번에는 "한 번 들어와 보세요." 하는 메시지를 전해야 합니다. 바로 이 점이 가장 센스가 요구되는 부분인데 가능한 노골적으로 판매를 강요하지 않고 자연스럽게 권해야 합니다. "사보세요." "먹어 보세요." 처럼 직접적인 표현으로 호소해서는 실패합니다.

〈입점〉 단계가 가장 중요하다

이 세 단계 중에서도 특히 '입점'의 과정이 가장 중요한 데 의외로 "한 번 들어와 보세요." 라는 메시지가 담긴 간판은 놀랄 정도로 적습니다.

또 손님을 자연스럽게 가게 안으로 유도하는 방법이 어려우면 이 가게에서 사거나 먹거나 하면 어떤 체험을 할 수 있는지 신빙성을 가질 수 있게 설명하면 됩니다.

만약 잡지에 소개되었을 경우에는 가게가 실린 페이지를 잘 이용할 수 없을까 생각해 볼 수도 있고, 가게에 찾아오는 손님의 평판을 이용하는 것도 체험을 전달하는 효과적인 방법입니다.

이런 방법을 활용하기 어려운 상황이라면, 물론 선전 문구나 일러스트 또는 가게 내부 모습분위기을 통해 '어떤 체험이 가능한지'를 전달할 수 있습니다.

대상자소비자가 보행 중인 경우에는 간판 하나에 이 세 과정을 모두 담을 수 있지만,

차를 이용하는 경우에는 1단계―인지―애서 하나, 2단계―주목―, 3단계―입점―에서 하나씩을 더 추가해 총 3개 이용하실 것을 권합니다.

간판을 타 미디어(Media)와
연동(連動)시키면
효과 2배

고객 유치를 위해서는 타 미디어 활용도 필요

참고로 말씀드리면, 다른 PR 수단과 비교하여 간판이 유일하게 아웃도어Outdoor 성향의 PR 방법이며 그 외에는 기본적으로 인도어Indoor 지향적입니다. 전단지는 양쪽 모두에 해당할 거라고 생각하기 쉽지만 효과 면에서 볼 때 인도어 성향 PR 방법에 속합니다.

방법의 효과를 얘기하려는 것은 아니지만, 간단하게 설명하면 일반적으로 아웃도어 지향의 경우 소비자에게 차분하고 여유 있게 PR하기 어렵다는 속성이 있습니다.

반면 소비자가 이미 거리에 나와 있는 상황이므로 잘만 활용하면 결과를 쉽게 낼 수 있다는 장점도 있습니다.

이 특징을 잘 파악하면, 간판을 이용한 고객을 유치를 생각할 때 타 미디어와 병행해서 실시하는 미디어 믹스Media Mix의 장점도 잘 이해되리라 생각합니다.

먼저 '집이나 직장에서 보는 광고를 통해 정보를 전달한 후, 나중에 거리에서 그 간판을 보았을 때 다시 한 번 떠올릴 수 있게 한다' 또는 '먼저 간판을 보도록 해서 힌트를 준 후, 집이나 직장에서 더 자세히 접할 수 있게 한다. 그리고 다음에 거리에서 간판을 보았을 때 다시 한 번 떠올리게 한다' 이 과정을 의도적으로 구성하기 위해서는 타 미디어를 병용해 활용하는 것이 중요합니다.

간판을 매스컴에 소개한다.

간단하게 말하면 좋은 기회이니 TV나 신문·잡지에 적극적으로 소개하라는 얘기인데, 이 말만으로는 설명이 좀 부족한 듯싶어 조금 더 구체적으로 설명하겠습니다. 즉 가게를 매스컴에 소개할 기회가 있다면 간판을 신문게재이나 방송하라는 것입니다.

잠깐 생각해 보십시오. TV나 신문·잡지에 가게가 소개되는 경우 대부분 가게 외관이나 내부 모습만 나오지 않습니까? 이렇게 소개해서는 손님들이 실제 거리에서 그 가게 앞을 지나간다 해도 매스컴에서 소개된 바로 그 가게라는 것을 알기 차리기 어렵습니다. 가게 연락처가 소개되는 경우

도 있지만 일일이 메모해서 찾아오는 손님은 의외로 많지 않습니다.

이왕에 어떤 매체에 가게를 알릴 기회가 주어졌다면, 그 소개를 본 손님이 가게 앞을 지나갈 때 매스컴에서 소개했던 기억을 떠올릴 수 있게 하는 것입니다. 예를 들면 일본 오사카에 본사를 둔 카니도라쿠かに道楽[6] 간판 같은 것을 말합니다. 그러기 위해서는 어떻게 해야 간판 그 자체만으로

---

[6] 카니도라쿠(かに道楽): 게 요리 전문점으로, 다리가 움직이는 거대한 게 모형이 붙어있는 간판이 유명하다.

도 '가게에 대한 정보를 한눈에 알 수 있는 상징적인 존재'
로 만들 수 있을지 검토해 보시기 바랍니다.

상징적인 존재라는 의미가 이해가 가시나요? 그리고 요즘에는 가게에서 각 미디어에 정보를 발신하는 프레스 릴리즈Press Relese[7]가 증가했다는 사실입니다.

---

7) 프레스 릴리즈: 정부 관청 단체 기업 등이 매스컴에 주는 정보.

클릭&모르타르
실천 플랜

홈페이지 주소를 게재한 간판 제작

클릭&모르타르^{Click and Mortar}[8]는 온라인 기업을 뜻하는 클릭에 오프라인 기업을 뜻하는 모르타르가 합쳐진 신조어로 온·오프라인 기업 간의 제휴를 말합니다. 이는 첨단기술을 가진 온라인 기업의 장점과 거대하고 조직적인 점포망을 보유한 오프라인 기업의 장점을 조화시킨 새로운 형태의

---

8) 클릭&모르타르: 클릭Click은 인터넷을, 모르타르Mortar는 비즈니스를 창조하는 열정, 직원을 움직이고 고객의 충성심을 이끌어내는 열정을 상징한다. 클릭&모르타르의 원리는 "직원은 고객에게 헌신적 봉사하고, 고객은 그 감동을 널리 알려 더 많은 고객을 모은다. 그렇게 늘어난 이익은 주주와 직원에게 배당되며 주주는 더 많은 투자로, 직원은 더 강한 헌신으로 기업을 성장시킨다." 이것은 인터넷이라는 강력한 성장 촉진제를 결합시킨 결과이다. 결국 클릭&모르타르는 인터넷의 무서운 힘을 이야기 한 것이다.

사업으로 뛰어난 경쟁력을 보유할 수 있습니다. 하지만 실제로 해 보면 효과 100%임에도 실제 실행하고 있는 사람이 거의 없는 고객 유치 간판 아이디어입니다. 그게 바로 홈페이지 주소를 게재한 간판입니다.

이 방법은 일반 소비자를 대상으로 하는 가게, 회사를 상대로 하는 가게기업 모두 다 상당한 효과를 볼 수 있습니다. 또 고객이 홈페이지를 보고 방문해 주기를 기대하며 기다리는 것도 좋지만, 바로 주문—통신판매—할 수 있게 만들 것을 권합니다. 왜냐하면 현대 소비자들—굳이 연령대를 지정하자면 40세 이하—은 '자기 선택의 법칙'이 있어 좋은 상품이라고 권해도 효과가 없습니다. 예전의 소비자노인분는 판매하는 쪽에서 권하는 것을 구입하는 경향이 있었지만, 현대 사람들은 본인이 직접 여러모로 다 알아본 후에 살지 말지를 결정합니다. 판매자가 이것저것 권해준다 해도 오히려 방해가 될 뿐입니다. 따라서 광고 선전을 하는 것만으로 소비자의 구매 의사는 정해지지는 않습니다.

따라서 상대가 필요로 하는 정보를 최선을 다해 모두 전해주고, 그 후에는 기본적으로 인내의 자세로 기다려야 합니다. 이런 세상에 광고 선전이 필요할 때마다 돈을 들여서는 자살행위나 마찬가지입니다.

따라서 인터넷으로 상권 밀착 경영을 하는 것입니다. 물론 그러기 위해서는 고객이 필요로 하는 정보를 사이트에 올릴 필요가 있습니다.

고객이 알고 싶어 하는 정보가 무엇인지 알고 계십니까? 가격만 표시해서는 의미가 없습니다. 이제 여기서 여러분이 그 장사에 얼마나 정통해 있는 프로인지가 요구됩니다. 홈페이지에 올려야 하는 주요 내용은 여러분이 취급하고 있는 품목에 대한 지식을 깊고 넓게 그리고 그 품목을 활용하는 방법 등입니다.

예를 들어 생선가게인 경우에는 싱싱한 생선을 고르는 방법이나 산지의 특징, 제철 시기 또 생선을 손질하는 요령이나 조리 방법 등 본래 손님에게 자주 받는 질문이나 손님하고 얘기를 나눌 때 하는 내용 등을 올립니다. 이것만으로도 놀랄만한 고객 유치 효과가 있습니다. 그런데도 실제 실행하고 있는 곳은 정말이지 얼마 되지 않습니다.

점원하고 이루어지는 커뮤니케이션이 어려운 것은 대기업도 별반 다를 게 없습니다. 홈페이지에 미리 정보를 공개해 두면 손님이 실제로 가게에 찾아왔을 때 이야기를 나눌 수 있는 계기가 되기도 하며, 잘하면 여러분 가게의 팬이 될 수도 있습니다. 그런데 지금 이 얘기는 문장을 쓰는 능력하고는 전혀 별개의 문제이므로 안심하시기 바랍니다. 요즘에는 노하우나 지식을 인터뷰해서 그 내용을 다시 쓰고 편집하는 직업을 가지신 분들이 예전에 비해 많이 늘었습니다. 인터넷에서 검색을 해 봐도 상당히 많은 곳을 찾을 수 있습니다. 문장 능력이 부족해 고민하시는 분은 꼭 한번 활용해 보시기 바랍니다.

처음 들어가기 어색한 가게에 효과적인 홈페이지 활용

처음 들어가기 어색하게 느껴지는 가게는 홈페이지를 활용하면 효과적입니다.

부동산 가게나 술집업소이 전형적인 예가 되겠지요.

부동산의 경우는 보통 가게 앞 간판 등에 건물 정보 전단지가 놓여있습니다. 그 전단지에는 인터넷 사이트 주소와 '이 외의 더 많은 건물 정보는 사이트에서 무료 검색 가능합니다'라는 문구가 쓰여 있는데 정말 관심이 있는 사람들만을 골라 모으는 것입니다. 사이트를 검색하면 물론 건물에 대한 여러 정보를 볼 수 있는데, 그 이외에도 일반인들이 궁금해하는 부동산 업계의 구조나 교섭 방법 등도 많이 공개되어 있습니다.

홈페이지 활용법을 잘 모르는 사람들은 '그런 비법까지 공개해서 괜찮은 거야?' 하는 생각들을 하지만, 현대 소비자들의 심리라는 것이 오히려 '이 가게라면 믿을만한 데'라는 생각으로 직접 가게로 찾아가는 경우가 많습니다.

또한 홈페이지 주소는 인터넷 검색결과에 뜨지 않도록 제작하여 가게 앞 팜플릿을 본 사람만이 인터넷 주소를 알 수 있도록 합니다. 이 방법을 사용하면 실제 가게를 방문하려는 마음이 있는 고객들만을 선별해 모을 수 있습니다.

문장 능력이 뛰어난 제작회사를 선택

홈페이지 활용 방법에 대해서는 홈페이지 제작 회사에 상담을 하면 여러 조언을 들을 수 있습니다. 다만 제작회사 중에는 의뢰인이 부탁하는 대로만 만드는 회사, 의뢰인 쪽에서 직접 세세한 지시까지 내려야 하는 회사가 많으므로 몇 군데를 선택해 상담을 받아보시길 권합니다.

어떤 회사에 맡겨야 좋을지 판단하는 기준은 사람마다 다르겠지만 개인적으로 저는 '문장 능력이 있는가' '홈페이지를 판촉 수단으로 평가하고 있는가'를 중요시합니다. 제작비는 그 기준에 전혀 포함되지 않습니다. 오히려 제작비를 고려해 판단하면 실패할 확률이 높습니다. 3번 정도 제작비를 판단 기준으로 삼았다가 실패를 보고 얻은 교훈입니다.

그중에서 특히나 문장 집필 능력은 상당히 중요합니다. 경우에 따라서는 별도로 집필자를 지정해서 부탁하는 경우도 있지만, 홈페이지 제작자 측도 어느 정도 문장 능력이 없으면 이후의 작업에 상당히 영향을 미칩니다. 특히나 소규모 가게의 경우는 홈페이지에 올릴 기본 정보가 부족한 경우가 많습니다. 그 부족함을 커버해 줄 만한 집필 능력이 없으면 아무도 관심을 갖지 않는 홈페이지가 되어버릴 가능성이 상당히 큽니다.

동업종 타 가게의
정보를 알려주는
전략

인터넷 링크Link를 간판에 응용한다

인터넷에서는 이미 자리 잡은 전략 방법으로, 관련된 홈페이지 정보를 일람할 수 있게 하여 편리성을 제공하는 것입니다. 이를 간판 활용에 응용하는 방법입니다. 즉 링크집 발상을 간판에 도입하는 것입니다.

이 이야기를 해 드리면 "그렇게 했다가 우리 가게 손님을 다른 데에 뺏기는 거 아니냐."는 질문을 많이 받는데, 실제 그렇게 될 일은 거의 없습니다. 인터넷과 같은 특성입니다. 만약 그렇다고 해도 그건 처음 찾아온 가게에 손님이 찾는 물건이 없을 때뿐입니다. 손님이 원하는 물건이 있는 경우는 반드시 그 가게에서 구입합니다.

물건을 구입하는 입장의 심리는 '우선 이 가게를 먼저 둘러보고 없으면 간판에 쓰여 있는 정보를 참고해서 다른 가게에 가 볼까?' 하는 생각을 하므로, 여러분의 가게가 우선순위 1위가 됩니다. 옛말에 〈대얏물 원리〉라는 게 있습니다. 대야에 받은 물을 내 쪽으로 오게 하면 물이 튀어 오히려 내 쪽에서 멀어집니다. 하지만 반대로 물을 바깥쪽으로 내버리려고 하면 물이 튀어 오히려 내 쪽으로 돌아옵니다. 20세기는 경쟁의 시대였지만 이제 21세기는 마음, 공생의 시대라고 합니다. 내가 얻는 것보다 남에게 주는 것을 먼저 생각할 때 더 많은 것을 성취할 수 있다라는 〈대얏물 원리〉처럼 모든 것은 손님에게 도움을 드리기 위한 것이라는 자세로 임하는 것이 매우 중요하므로, 꼭 이 발상 방법을 활용해 보시기 바랍니다.

내가 원하는 손님이
방문하는 타 가게에
간판을 낸다

타 가게 간판의 일부를 빌려 간판을 낸다

이 또한 인터넷에서는 자주 이루어지고 있는 방법입니다. 링크집이 동업종 타 가게라면, 상호 링크는 타 업종 타 가게입니다. 타 업종이라 해도 그 가게의 주요 손님들이 여러분 가게의 손님들과 유사할 경우를 말합니다. 또 이 방법은 기본적으로 획일적인 성격을 가진 체인점이나 대형 점포에서는 이루어지기 어려우므로, 주로 상점가 등의 가게에서 적극적으로 활용하시기를 바랍니다.

어떤 방법인지는 제목을 읽으신 분이라면 대충 짐작은 가실 겁니다. 타 가게의 간판을 일부 빌려서 여러분 가게의 간판으로 만드는 것입니다. 일반적으로 간판이라는 것은 가게 앞에 설치하는 이외에 골목길 같은 다른 길에는 간단히 설치할 수 없습니다. 타 가게 간판의 일부라면 이런 제약을 받지 않습니다.

상호 링크라고 하면 왠지 두 가게의 간판을 모두 내야 할 것 같은 생각이 들지만, 서로 알고 지내는 사이라면 "우리 집은 안 해도 괜찮아요."라는 얘기가 나올 수도 있습니다. 그럼 저희 쪽에서 간판을 만들겠다는 제안을 하면 의외로 얘기가 쉽게 성립되는 경우도 있습니다.

또 다른 방법으로는 타 가게가 우리 가게를 소개하는 방식의 컨셉으로 디자인을 할 수도 있습니다. 그러면 직접적인 선전을 하지 못하는 의료관계나 건강식품 등도 '가슴 뭉클하게 와 닿는' 표현을 하기 쉽습니다.

P·O·P와 비슷한 개념으로 타 가게 내에 설치한다

그러면 어떻게 구성해야 효과가 있을까요?

병원과 약국, PC방과 게임 오락실, 커피숍과 서점, 도장가게와 명함가게, 미용실과 피부관리숍, 만화방과 노래방 등 예를 들자면 끝이 없을 정도로 많이 있습니다.

또 간판은 꼭 밖에 설치해야 한다는 생각에서 벗어나 타 가게 실내에 놓을 수도 있습니다. 조금 더 대담하게 생각한다면, 간판이라기보다는 P·O·P에 가까운 개념으로 생각해도 좋습니다.

예를 들어 커피전문점 내의 테이블이나 메뉴판 맨 밑에 근처 서점의 주간 베스트셀러 10이나 추천 도서 정보를 게재해 놓으면 손님들이 시간 보내기에도 좋습니다. 또 반대로 서점에서는 계산하면서 손님에게 '우아한 독서는 ○○ 커피전문점에서'라고 쓰여 있는 책갈피를 전해줄 수도 있습니다. 이런 방법이라면 두 가게 모두 매출 향상에 영향을 미치겠지요?

PART 4

전쟁터에 간판을 걸어
고객 유치(誘客)한다
- 옥외 광고 20년 노하우

고객 유치(誘客)라고 하는 시점에서 분석하는 상권

걷거나 자전거인 경우는 15분 거리가 타켓!

그럼, 여기부터가 '고객 유치'의 노하우입니다. 잘 유용하게 사용하시기 바랍니다.

우선, 고객 유치誘客에 적합한 업종과 적합하지 않은 업종이 있습니다. 적합한 업종은 바로, 식료품일용잡화을 다루는 상점과, 문제해결형의 서비스를 하고 있는 가게입니다. 문제해결형이라는 것은 병원―몸이 아프다―, 음식점―배가 고프다―등입니다.

여기에 적합하지 않은 업종은, 취미 위주 가게나 전문적인 가게입니다. 즉, 마니아 중심의 상품을 취급하는 가게와 수집컬렉션 성이 강한 상품을 취급하는 가게입니다.

자신의 장사가 취미·전문적인 경우는 처음부터 목적을 가지고 방문하도록 선전·판촉하는 게 효과적입니다.

고객 유치誘客라는 것은 일시적인 기분에 내점 가능한 범위에 있는 불특정다수의 소비자를 끌어들이는 기술입니다. 따라서 상권은, "걷거나 자전거를 탈 경우는 15분 거리 자동차인 경우는 10분 거리, 이 정도가 한도라고 경험상 느끼고 있습니다." 라고 해도, 자전거로 15분이나 자동차로 10분은 꽤 광범위하다고 생각합니다.

고객 유치(誘客)를 「원(遠),중(中),근(近)」으로 나누자

통상 '상권'이라고 하면, 자신의 가게를 중심으로 반경 ○○ 미터라고 여길 거라고 생각합니다만, 고객 유치誘客적 '상권'의 경우는, 제2장에서 기술했던, 2개의 TG를 잇는 사람들의 왕래가 잦은 '동선'을 이용하기 때문에, 상권이 변칙적인 형태가 됩니다.

또한 동선은, 요일이나 시간에 따라 변하기 때문에 같이 상권도 변화합니다. 조수의 흐름을 파악하는 것처럼 사람들의 흐름을 파악해야만 합니다. 그렇기 때문에 교통량조사처럼 사람 수를 세기만 하는 발상으로는 안 됩니다. 하나의 인도라도 어떤 장소의 횡단보도가 가장 건너는 사람이 많은지, 그 이유는 무엇인지, 거기까지 파악할 정도가 아니면 안 됩니다.

시내판 지도地圖를 구입해서 자기 나름대로 TG와 그것을 잇는 동선을 그려 보십시오. 그리고 어느 동선에서 자신의 가게로 끌어들일지를 짜내고, 그 동선 양 끝의 TG에서 자신의 가게까지 선으로 연결해주십시오. 동선에 맞춰 변칙 3각형이 생길 거라고 생각합니다만, 거기가 고객 유치 중점지역입니다. 이렇게 스스로 상권을 정하고 간판 활용으로 상권을 키워 나갑니다.

자신이 노리는 고객 유치상권이 정해지면, 다음으로 가게를 기점으로 대상으로 할 상권 지역을 '원遠, 중中, 근近'으로 나눠 봅니다.

먼 지역이라는 것은, 자신의 가게 앞을 보통은 지나는 일이 없는 가장 먼 동선 부근 지역입니다.

가운데 지역이라는 것은, 이 지역을 지나는 사람은, 어떤 이유로 가게 앞을 지나고 있는 것은 아닐까라고 판단할 수 있는 지역을 말합니다.

가까운 지역이라는 것은 가게가 육안으로 볼 수 있는 범위의 지역입니다.

고객을
유치(誘客) 하기 위해 필요한
3가지의 E

목적별로 분류하면, 간판은 3가지 타입이 된다.

고객 유치(誘客)는 간판 만들기에 따라 보는 사람의 기분을 움직이게 하여 행동을 재촉해야만 합니다만 목적별로 크게 분류하면 간판 만들기는 3개로 분류할 수 있습니다
나는, 이것을 「간판의 3E」라고 부르고 있습니다.

- Emotional 간판: 감정을 자극하는 간판.
- Entertainment 간판: 재미있는 간판
- Effective 간판: 효과적인 간판

머리글자를 따서, 3E라고 한 이유입니다.

순서대로 설명하자면,

「Emotional 간판」은, 시각적으로도 메시지로도 임팩트가 있고, 그 간판을 본 소비자의 마음속에 한순간에 들어가는 것을 목적으로 한 간판입니다. 눈에 띄는 간판이 되기 쉽기 때문에 간판가게로서도 더할 나위 없는 간판입니다.
자주 거리에서 눈에 띄는 큰 간판 같은 것이 기본적으로 해당하는데 Emotional이라는 것은 제대로 전달하고 싶은 상대에게 전하고 싶은 메시지를 던지는 간판이 아니면 안 됩니다. 또한 그 메시지는 어느 쪽인가 하면 문제 제기형이 됩니다.

「Entertainment 간판」은, 소비자의 마음을 자극하는 간판입니다.
단, 자극한다고 해도 가게 옴으로써 '이런 좋은 일이 있다'라는 이미지가 떠오르는 간판이 아니면 의미가 없습니다.
두근두근 설레는 느낌이 중요합니다.
또한, 크기나 형태 등은 어느샌가 시야에 들어왔다, 주의해 봤더니 시야에 들어왔다고 할 정도로 티가 안 나는 간판으로, 몇 번이나 보여주기 위해서 고안된 간판입니다.

「Effective 간판」은, 가게에 가려고 들어가려는 생각이 들게 하기 위한 간판입니다.

가게 근처까지 와 있거나, 가게 앞까지 와 있는 소비자의 등을 툭 밀어주는 간판입니다. 등을 밀어주기 위해서는 가게에 들르기 위한 좋은 이유를 제안해 줄 수 있는지가 중요해집니다.

이상 3종류의 간판을 고객 유치 상권 '원(遠)' 지역에는 Emotional, 고객 유치 상권 '중(中)' 지역에서는 Entertainment, 고객 유치 상권 '근(近)' 지역에서는 Effective로 적절하게 구별해 써서 소비자를 가게까지 유도해 갑니다.

Emotional적인
만남의 연출

가게를 모르는 사람 대상의 Emotional 간판은 눈에 띄는 것을 방향쪽으로 자신의 가게에 전혀 관계없는 동선상에는 어쨌든 눈에 띄고 충동적인 시인성視認性이 높은 간판이 중요합니다. 왜냐하면, 그 동선상에 있는 소비자는 당신 가게에 대해 전혀 모를지도 모르는 데다가, 늘 가던 곳이 아닌 장소―가게―에 일부러 가보려는 마음은 좀처럼 들지 않기 때문입니다.

간판을 본 순간에 '이런 문제를 안고 있지 않습니까?'라는 생각이 들게 하는 의도가 들어있지 않으면 안 됩니다. 그것은 규명하면 "이 상품은 ○○이랍니다."라는 설명과는 다릅니다.

자주 오인하는 것은 분위기나 이미지뿐이고 나머지는 상품명 정도밖에 정보가 없는 간판이 있는데 그러한 간판은 대기업이 자기만족을 위해 하는 것이라고 단순하게 생각해 주십시오.

다만, 간판 전체가 자아내는 인상은 중요합니다. 눈에 띄기만 하고 공연한 참견을 말하기만 하는 간판은 마이너스 Emotional이 됩니다. 그러한 일이 없도록, 색사용이나 시각적인 일러스트 등의 활용이 중요해집니다.

문자는 적게 하고 캐릭터 등을 넣는다

1개월 이상의 장기 간판 설치일 경우는 때더러움가 눈에 띄지 않게, 배경바탕색은 흰색으로 하지 않는 게 좋겠지요. 반대로, 바탕색으로 적색, 청색, 녹색등의 진한 색을 사용하고 글자를 흰 글자로 하는 것은 추천합니다. 명암이 뚜렷해서 글자를 읽기 쉽기 때문입니다. 그리고 상징마크나, 캐릭터를 사용해 가게와 그러한 시각적 정보가 일치할 수 있는 장치도 효과가 있습니다.

글자를 사용할 경우는 '알기 쉽고 읽기 쉽게'라는 점에 주의해 주십시오. 글자는 너무 많지 않아야 합니다. 읽을 수 있고 눈으로 보고 확인視認性할 수 있도록 할 것. 아무튼, 간판을 만들게 되면 모든 공간에 글자를 넣고 싶어 하지만 Emotional로 할 경우는 가능한 한 한마디로 모든 것을 나타내는 말을 넣도록 생각합시다.

나는 간판업자이기 때문에, '고객 유치誘客'란 한 단어에 정성을 들이기도 합니다. 말 자체도 제가 만든 조어造語입니다만, 시인성視認性을 높이도록 쓰게 되면 많은 사람들의 눈길을 끕니다. 이 '고객 유치'에 '언제까지 전단지를 뿌리고 계시겠습니까?'라고 연결하면, 고객모집에 고민하고 있는 경영자에는 상당히 솔깃해지는 메시지가 됩니다.

주의해주길 바라는 것은 어떤 일이 있어도 "이제 슬슬 간판 바꾸지 않겠습니까?" 같은 말은 해서는 안 됩니다. '산다'라든가 '서비스를 받는다'라는 것은 어디까지나 목적의 본질이 아닙니다.

'사서 무엇을 얻고 싶은 것인지' '서비스를 받고 어떤 기분이 되고 싶은지' 생각해 봅시다. 거기까지 적용하지 않으면 메시지 본질은 나오지 않습니다.

행동(action)을 일으키게 하는 장치는 있는가?

끝으로, Emotional 간판의 요소로서 빼놓을 수 없는 것이 행동을 일으키게 하는 장치를 넣는 것입니다.

그것은, '요 앞 ○○가 있는 곳을 돌다'라든가, 직접적인 말을 넣는 것으로 OK입니다. 이렇게 해서 간판을 본 소비자의 행동을 동선상에서 가게 쪽으로 향하도록 재촉하는 것입니다. 수수께끼를 풀 수 있도록 가게명 같은 것은 굳이

넣지 않는 것도 효과적입니다.

그 대신에 메모할 수 있도록 전화번호와 홈페이지 메일 주소만 넣어 둡니다. 가게로 향하도록 하는 것이 갑자기는 무리라고 해도, 어쨌든 간판을 보면 다음 행동을 할 수 있도록 하지 않으면 고객 유치誘致가 되지 않습니다.

재미가 있는 연출이 중요

문제 해결했을 때의 만족할 이미지가 필요한 Entertainment 간판

고객 유치 상권 '중中' 지역에 설치된 'Entertainment 간판'입니다만, 이 지역은 간판을 보지 않아도 가게 앞을 지나갈 확률이 있는 지역입니다. 그 경우, 너무 노골적인 간판은 그것만으로 반감을 살 경우가 있습니다. 그렇기 때문에 자제하는 게 중요합니다.

조심스럽게 하지 않으면 안 되는 것은, 디자인과 메시지에 대해서도 같습니다. Emotional에서는 문제 제기였지만, Entertainment에서는 문제 해결했을 때의 만족하는 이미지입니다. 우리 가게에서 상품을 사는 것이나 서비스를 받으면 이런 장점이 있다고 하는 이미지를 가르쳐 주는 것입니다.

단, 가격이 싸다던가 물건이 잘 갖추어졌다는 것은 장점에 들어가지 않습니다.

간판을 본 손님은 '어떤 기분이 들까?' '어떤 장사로 바뀔까?' 이러한 것을 확 떠올릴 수 있는 간판으로 하지 않으면 안 됩니다. 그렇게 하기 위해서는 자신만의 스타일이나 정책이 중요해집니다. 확실하게 말씀드리면 이 자신만의 스타일이나 정책이 없으면 가게의 색을 명확히 내세울 수 없기 때문에 물건의 거래 이외의 부가가치가 생기지 않습니다. '그런 건 지금까지 생각한 적이 없다'고 말하는 분은 여기에서 차분히 자신을 다시 바라봅시다.

그리고 '어떤 기분이 들까?' '어떤 장사로 바뀌는 걸까?'라는 것을 표현하려면, 캐릭터 같은 것을 만들거나 그림이나 일러스트 사진 같은 것을 표현하는 것이 효과적입니다. 글로 쓰면 수상하게 여기기 쉽기 때문에 주의해야 합니다.

가게까지 이정표 역할을 가지게 한다.

Entertainment 간판에는 또 하나 중요한 역할이 있습니다. 그것은 가게까지의 이정표적 역할입니다. 일정한 거리마다 설치하거나 해서 가게까지 유도하도록 합니다. 또한, 단지 길 안내만 하면 되는 게 아니라 가게에 가까워짐에 따라, 서서히 기대감이 높아지도록 해야만 합니다. 그러기 위해서는 독특함^{재미}이 중요해집니다.

이 역할에서 보면 가장 '고객 유치^{誘致}'적인 간판 이미지라고 말할 수 있을지도 모르겠습니다.

알고 싶은 정보는
모두 가르친다

고객모집으로 직접 이어지는 효과가 있는 Effective 간판

고객 유치誘客 지역 '근近'에 있는 가게가 보이는 범위에 설치할 간판은, 아마 누구나 '간판'으로서 가장 떠올리기 쉽다고 생각합니다.

내가 이것을 'Effective 간판'이라고 명명하는 것은, 고객모집으로 직접 이어지는 효과가 있는 간판이기 때문입니다. 정확히 '상품의 이미지, 질, 가격'을 고객에게 전하고 점포에 오게 해 주기 위한 역할을 하는 것입니다. 그렇습니다. 여기에서 처음으로 상품이랑 캠페인 소개를 하는 것입니다. 때문에 이 Effective 간판은 매일매일 판촉에도 사용할 수 있습니다.

처음 Emotional 간판, Entertainment 간판이 '설치된 감각'인 것에 비해, 이 Effective 간판은 자유입니다. 시즌이나 상품에 맞춰서 이 간판을 활용할 수가 있습니다. 어떤 의미에서 이 Effective 간판이 진짜 '홍보간판'이라고 할 수 있을지도 모르겠습니다.

간판 종류로 말하자면, 특히 A형 스탠드 간판과 P·O·P 요소가 있는 것, 이러한 것들이 Effective 효과를 내기에는 적합합니다.

Effective 간판은 고객의 관심을 끌어 상품을 알리고 가게 안으로 들어오게 하기 위한 유인 효과를 의식해서 만들어야 합니다. 그렇기 때문에 '눈길을 끌게 하는 요소'와 '멈추어 서게 하는 요소'를 간판 디자인에 포함해야만 합니다.

우선은 1초간, 그 간판 앞에 서 줄지 여부가 승부처입니다. 1초란 짧으면서도 긴 것. 마트 안을 걷고 있는 소비자는 1분간에 대략 300에 가까운 상품 앞을 통과하고 있습니다. 1초에 5개의 상품을 보고 있다는 것입니다. 무심코 보고 있는 것 같아도, 관심이 있는 상품에는 정확하게 멈춥니다. 그런 경험은 누구나 있을 것입니다.

Effective 효과를 높이기 위한 비결은 Effective 효과를 높이는 간판에는, 비결이 있습니다. 우선

- 심플하고 소비자의 구매 욕구가 높은 것

- 고객에게 전해지는 솔직한 말
- 인상 깊은 시각요소

글자에 대해서는 다음 사항을 주의합시다.
인간의 뇌는 '시각적 자극'에 강하고, 문자정보에 대해서 짧은 시간短期의 기억 용량은 그렇게 크지 않습니다. 기껏해야 7개 정도의 항목 밖에 외워 둘 수가 없습니다. 그러니까 간판에 많은 것을 쓰는 것보다도, 3초 정도에 읽을 수 있는 말로 해야 합니다. 간판 앞에서 오래 보여주는 게 효과적인 것은, 부동산 간판 정도이겠죠. 그것보다도 간판에 붙이는 전단이나, P·O·P를 고안해서 또 가게 올 수 있게 궁리하는 편이 효과적이다.
간판에 사용할 캐치프레이즈나 카피는, 이러한 것을 조심합니다. Effective 간판은 읽게 해서 효과가 오르는 것입니다. 그 정보를 보고서 소비의식을 멈추게 해 버려서는 아무 소용이 없습니다.
그러니까 말 선택에는 특별히 주의가 필요합니다.
예를 들면 약국의 경우, 감기 시즌, 꽃 알러지 시기, 치질이나 충치 같은 것을 선전할 때 병의 중대사나 무서움을 전면에 내세운 정보는 분명히 고객에게 불쾌감이나 공포감을 줘서 소비에 대해 적극적인 행동을 취하게 할 수 없습니다. 이것은 위협을 느끼는 것에 대해서 시선을 돌리고 싶다는 의식이 자연스럽게 작용하기 때문입니다. 반대로, 노력해서 밝고 긍정적인 표현은 고객의 의식을 끌게 됩니다. 감기라면 괴로운 증상이 사라져 치유되는 이미지, 치질이나 충치라면 사진보다도 귀여운 일러스트 등을 사용해 유머를 느끼게 하는 편이 훨씬 좋습니다.

선전 문구에는 좋은 조건을 먼저 내세운다
또, '쉬운 공은 간단하게 잡을 수 있다'는 심리작용도 잘 이용합니다. 즉, 처음에 긍정적인 말을 들으면 다음에 오는 부정적인 말도 그다지 저항 없이 인정할 수가 있는 것입니다. '액정 TV 반액, 이전 모델형이지만 기능이 뛰어납니다'라는 P·O·P와 '이전 모델 액정 TV 50% 할인'이 있으면 사람들은 망설임 없이 전자의 P·O·P에 강하게 반응합니다. 결국 좋은 조건이 먼저 들어오고 뒤의 '결점'이라고 하는 마이너스 포인트를 커버하고 있습니다. 맨 처음에 입력된 '좋은 이미지'는 뒤까지 이어지는 것과 같은 효과입니다.

그리고 같은 것을 전달하는데도 말씨로, 주는 인상은 크게 변해갑니다. '1장 15,000원 CD'보다도 '2장에 30,000원 CD' 쪽을 싸게 느낍니다. 고객에게 어떤 말투가 기분을 좋게 하는지, 그것을 문장으로 바꿔갑니다.

게다가 문장으로 설명하는 것보다 눈에 보이는 구체적인 표현을 사용하는 편이 간판에는 효과적입니다. 다이어트광고나 영어학원광고 등에 사용되는 것과 같습니다. 정말로 모든 사람에게 효과가 있었는지 어떤지 보다, 결과에 사람은 신뢰를 느끼기 때문입니다.

간판을
설치하기 위한
교섭술

토지소유권자한테 장소를 빌려 간판을 설치하는 요령

다음으로 고객 유치誘致 간판을 기획할 경우 피해 갈 수 없는 제3자—토지소유권자—에게 장소를 빌려서 설치하는 요령을 가르쳐 드리겠습니다.

주로 Emotional 간판·Entertainment 간판은 장소를 빌리게 될 거라고 생각하기 때문에 최대한 싸고 좋은 장소를 무난하게 빌리도록 노력합시다.

토지소유권자에게 빌릴 경우, 빌리는 장소는 대개 공터 등에 세우는 '야외에 세운 간판', 이름 그대로 '전신주 간판', 민가 등의 벽이나 담에 설치하는 '벽면 간판' 3가지 경우가 있을 수 있습니다.

야외에 세운 간판은, 먼저 그 토지가 누구 것인지 모를 때가 간혹 있습니다. 우선 기본적으로 이웃에게 물어보는 조사입니다. 이것으로 제법 알게 되는 일이 많습니다. 그래서 안 되면 법원에 가서 등기부를 떼어봅니다.

경험상 조금 실수했다고 생각하는 것이 현지 부동산에 물어본 것입니다. 그들은 사업상 토지소유권자를 알고 있거나 하는 일이 많지만, 때에 따라 토지소유권자와의 사이에 서서 간판 설치료를 최대한 비싸게 해서 수수료를 챙기려고 생각합니다. 교섭의 기본은 중개업자 없이 직접 교섭입니다. 그편이 상당히 이야기는 간단하게 끝나거나 합니다.

벽면 간판은 좀 더 간단하다고 생각하는데 그 집과 건물 등의 거주자나 이용자에 물어보는 것입니다. 토지소유권자는 비교적 찾기 쉽다고 생각합니다. 문제는 간판 공간입니다. 돈도 문제지만 간판 공간으로 인기가 있기 때문에 장소가 이미 가득 차 있는 경우입니다. 이처럼 가득 차 있는 경우는 어쩔 수 없기 때문에 빌 때까지 기다립시다.

끝맺는 글

저는 이 간판 일을 사랑합니다. 그리고 주변의 많은 간판에 무한한 애정과 신뢰를 보냅니다. 많은 사람들이 도시미관을 해치는 주범이라고 해도, 유럽의 간판문화를 부러워하며 우리 간판문화를 원망해도 나는 우리 간판을 사랑합니다. 시인 오규원은 그의 시집을 통해 '간판이 많은 집은 수상하다'라고 했고, 이 문제는 '간판을 보지 못하는 일이 죽는 날'이라고 하면서 '간판은 그러므로 이 세상의 가장 정확한 반영이다'라고 했습니다. 간판은 시대의 자화상입니다.

나는 간판을 사랑합니다. 간판에 대한 나의 애정 때문에 때로는 사람들과 부딪치고, 조언은 쓸데없는 오해를 불러일

으키고, 항상 누군가에게 쓸데없는 부담을 주었던 사실도 있었습니다. 어떻게 하면 간판으로 매출을 향상시킬 수 있을까? 하고 고민하고 있는 와중에 간판은 장식이고, 간판을 잘해도 팔리지 않는다는 식의 '간판에 대한 잘못된 선입관'이나 '간판을 바라보는 세상의 풍조와 무관심에' 맞서 간판을 바로 알리고 싶었습니다.

그냥 더 좋은 미래의 우리를 위해 간판의 장점을 어떻게라도 전하고자 하는 생각뿐, 필자는 이 책을 통해 간판이 실제 비즈니스에서 사용할 수 있는 실용적인 마케팅 전략의 한 수단이라는 것을 많은 사람에게 전할 수 있게 돼서 행복합니다.

끝으로 다시 한 번 말씀드립니다.

잘 된 간판은 '유능한 영업사원'이라는 말에 명심하셔야 합니다.